Vuela conmigo

MILLENIUM

Vuela conmigo

Richard Bach

Traducción de Irene Saslavsky

VERGARA
GRUPO ZETA **z**

Barcelona • Bogotá • Buenos Aires • Caracas • Madrid • México D.F. • Montevideo • Quito • Santiago de Chile

Título original: *Hypnotizing Maria*
Traducción: Irene Saslavsky
1.ª edición: octubre 2009

© 2009 by Richard Bach
© Ediciones B, S. A., 2009
   para el sello Vergara
   Bailén, 84 - 08009 Barcelona (España)
   www.edicionesb.com

Printed in Spain
ISBN: 978-84-666-4216-3
Depósito legal: B. 32.721-2009

Impreso por LIBERDÚPLEX, S.L.U.
Ctra. BV 2249 Km 7,4 Polígono Torrentfondo
08791 - Sant Llorenç d'Hortons (Barcelona)

1

Jamie Forbes pilotaba aviones. Era lo único importante que había hecho desde que había abandonado la universidad, hacía ya tiempo, y se había sacado el título de piloto. Si algo tenía alas, le encantaba.

Pilotó aviones en las Fuerzas Aéreas, pero no le interesaba la política, ni le gustaban los deberes con los que debía cumplir allí, ni tampoco el escaso tiempo de la instrucción que había dedicado a volar. Cuando las Fuerzas Aéreas le ofrecieron la posibilidad de abandonar, aceptó.

Las líneas aéreas no lo quisieron. Presentó la solicitud de ingreso una única vez y las respuestas que dio a las preguntas del examinador le valieron un suspenso.

—1. Si tuviera que elegir, qué sería: ¿un árbol o una piedra?

—2. ¿Cuál de estos colores es el mejor: el rojo o el azul?

No respondió a esas preguntas porque no tenían ninguna relación con pilotar.

—3. ¿Son los detalles importantes?

—Claro que no son importantes —dijo—. Lo importante es aterrizar sano y salvo. ¿A quién le importa si llevas los zapatos bien lustrados?

Se dio cuenta de que era la respuesta equivocada cuando el examinador lo miró directamente a los ojos y le dijo:

—A nosotros.

Pero la aviación ofrece muchas otras posibilidades además de la de pilotar aviones de combate y reactores. Están los vuelos chárter, los de empresa, los panorámicos, los encargados de fumigar cultivos, las acrobacias aéreas, el patrullaje de oleoductos, la fotografía aérea, los vuelos de transporte de mercancías, los publicitarios, los que cargan a los paracaidistas y los sueltan en el cielo, las carreras aéreas, el transporte de periodistas de los noticieros de televisión, los helicópteros que vigilan el tráfico, los aviones de la policía, los vuelos de prueba y el pilotaje de antiguos biplanos. Y, desde luego, el trabajo de instructor, puesto que siempre hay gente nueva que, como él, considera que su destino es volar... Siempre está la instrucción.

A lo largo de su vida, Jamie había probado todas y cada una de esas posibilidades, pero los últimos años los había dedicado a la instrucción. Y al parecer se había convertido en uno de los buenos, a juzgar por lo que decía el dicho: a los mejores instructores se los reconoce por el color del pelo.

No es que fuera un veterano, ni tampoco que no le quedara ya nada por aprender. Tras décadas de vuelos en solitario, había acabado acumulando doce mil horas de vuelo y cumpliendo por tanto su cuota como piloto. Doce mil horas no era mucho, ni tampoco poco, pero sí lo bastante para que Jamie Forbes hubiera aprendido a ser humilde.

Pero en su fuero interno seguía siendo aquel chico que se moría por pilotar todo lo que se le pusiera a tiro.

Todo era como debía ser, y ni siquiera habría valido la pena hablar de ello de no haber sido por los acontecimientos del pasado mes de septiembre. Para algunos lo que ocurrió entonces será una anécdota sin interés; para otros marcará un antes y un después en su vida.

2

Cuando ocurrió, creyó que se trataba de una coincidencia.

En sus vuelos de instrucción, Jamie Forbes despegaba del invierno del estado de Washington con su Beech T-34 para aterrizar en el verano de Florida después de dieciséis horas de vuelo y tres escalas.

Algunos ignoran que el T-34 es el primer avión que las Fuerzas Aéreas confiaron a los cadetes de aire: se trataba de un aparato biplaza de un solo motor de hélice, alas bajas y 225 caballos de fuerza. La carlinga se parecía a la de los aviones de combate para facilitar a los nuevos pilotos la transición que supone pasar de los vuelos de entrenamiento al pilotaje de los aviones de combate.

En aquellos tiempos, en los que aún desfilaba, memorizaba listas de control, y estudiaba el código morse y las reglas de la aerodinámica, Jamie nunca se hubiera imaginado que años después sería el dueño de un avión como ése, y además mejorado, como suele ocurrir con los aparatos militares excedentes de los que se hace cargo algún civil.

Hoy su T-34 disponía de un motor Continental de 300 caballos de fuerza, una hélice de tres palas y un tablero de mandos con un equipo de navegación que aún no se había inventado cuando el avión se había fabricado; era un aparato de un color azul camuflaje, con marcas de las Fuerzas Aéreas restauradas. Era un avión bien diseñado y volaba estupendamente.

Volaba en solitario. Despegó de Seattle por la mañana y aterrizó en Twin Falls, Idaho. A mediodía se puso en marcha de nuevo, y sobrevoló Ogden y Rock Springs en dirección a North Platte, Nebraska.

Ocurrió una hora después de despegar de North Platte, cuando se encontraba veinte minutos al norte de Cheyenne.

—¡Creo que está muerto!

Era la voz de una mujer y surgía del radiotransmisor del avión.

—¿Alguien puede oírme? ¡Creo que mi marido ha muerto!

Transmitía en 122.8 megaciclos, la frecuencia de los pequeños aeródromos y su voz era alta y clara... No podía estar muy lejos.

Nadie contestó.

«Puede usted hacerlo, señor Forbes.» Ese tono tranquilo y paciente, y el inolvidable deje sureño no dejaban lugar a dudas.

—¿Señor Dexter? —preguntó Jamie en voz alta, atónito. Era la voz del instructor de vuelo que había tenido hacía cuarenta años atrás: jamás la había olvidado. Jamie echó un vistazo al espejo retrovisor y comprobó que la carlinga trasera, naturalmente, estaba vacía.

Lo único que se oía era el zumbido del motor del aeroplano.

—¡Que alguien me ayude, por amor de Dios, está muerto!

Jamie apretó el botón del micrófono.

—Puede que sí, señora —dijo—, pero también puede que no. No se preocupe, puede usted pilotar el avión sin él.

—¡No, nunca he aprendido a hacerlo! ¡Juan está apoyado contra la puerta y no se mueve!

—Será mejor que lo bajemos a tierra —repuso Jamie, optando por decir «bajemos» consciente de lo que probablemente diría ella a continuación.

—¡No sé pilotar un avión!

—Vale —dijo él—, en ese caso usted y yo lo bajaremos juntos.

Es algo que no ocurre casi nunca: un pasajero pilotando un avión cuando el piloto está incapacitado. Por suerte era un día magnífico para volar.

—¿Sabe cómo funcionan los mandos, señora? —preguntó—. Debe mover el timón para nivelar las alas.

—Sí.

Eso facilitaba las cosas.

—De momento, mantenga las alas niveladas.

Le preguntó cuándo habían despegado y adónde se dirigían, y, un minuto después de haber girado hacia el este, Jamie lo vio: era un Cessna 182 y estaba situado más abajo, a las diez, justo delante del ala izquierda del T-34.

—Gire ligeramente a la derecha —le dijo—. La veo.

Si el avión no giraba, dejaría de verla, pero apostó y ganó. Las alas se inclinaron.

Jamie descendió y se puso a su lado, a unos ochenta metros de distancia.

—Si mira a la derecha... —le dijo.

Ella miró y él la saludó con la mano.

—Ahora todo saldrá bien —dijo él—. Volaremos hasta el aeropuerto y aterrizaremos.

—¡No sé pilotar! —gritó ella, y las alas del Cessna se inclinaron hacia él.

Él giró junto a ella: dos aviones girando al mismo tiempo.

—No se preocupe, señora —dijo—, soy instructor de vuelo.

—Gracias a Dios —dijo ella, y el Cessna se inclinó aún más.

—Gire el timón hacia la izquierda, sólo un poco, lenta y firmemente hacia la izquierda. Así volverá a volar en línea recta.

Ella miró hacia delante, hizo girar el timón y las alas del Cessna se enderezaron.

—Lo ha hecho perfectamente. ¿Está segura de que nunca había pilotado un avión?

—Me he fijado en cómo lo hacía Juan mientras pilotaba —dijo ella en tono más tranquilo.

—Pues se ha fijado usted muy bien.

Jamie descubrió que la mujer sabía dónde estaban el acelerador y los pedales del timón, y le indicó que hiciera girar el avión a la izquierda para dirigirse de nuevo al aeropuerto de Cheyenne.

—¿Cómo se llama, señora?

—Estoy asustada —dijo ella—. ¡No puedo hacerlo!

—No me tome el pelo. Hace cinco minutos que pilota ese avión y lo está haciendo de maravilla. Relájese, tómeselo con calma y finja que es un capitán de línea aérea.

—¿Que finja qué?

Lo había oído perfectamente, pero no daba crédito a lo que ese hombre acababa de decirle.

—Olvídese de todo, excepto de que usted es el capitán: la primera mujer capitán contratada por la empresa y hace años que pilota. Se siente perfectamente cómoda en el avión y está contenta. ¿Aterrizar en un pequeño Cessna en un día tan bonito como éste? ¡Es pan comido!

«Ese hombre está loco, pero es un instructor», pensó.

—Pan comido —dijo ella.

—De acuerdo. ¿Cuál es el pan que más le gusta? —le preguntó Jamie, observándola a través de la ventanilla derecha del Cessna. Ella le lanzó una sonrisa de incomprensión. Su temor empezaba a desvanecerse mientras pensaba: «Estoy a punto de morir y éste me pregunta cuál es mi pan favorito. ¿Por qué tenía que tocarme el loco precisamente a mí?»

—El pan de cebolla —dijo ella.

Él le devolvió la sonrisa. «Bien —pensó Jamie—, cree que estoy majareta, así que ahora la cuerda tendrá que ser ella, y eso significa conservar la calma.»

—Pan de cebolla comido —dijo Jamie.

—Me llamo María —dijo, como si al saberlo él fuera a recuperar la cordura.

Entonces apareció ante ellos el aeropuerto de Cheyenne: era una raya en el horizonte, a veinticuatro kilómetros de distancia, siete minutos de vuelo. En vez de aterrizar en un aeropuerto pequeño más cercano, él había preferido el aeropuerto de Cheyenne por su larga pista de aterrizaje, y porque disponía de ambulancia.

—Intente empujar el acelerador, María. El ruido del motor aumentará de volumen y el avión empezará a ascender lentamente. Empújelo hasta el fondo y practicaremos un pequeño ascenso aquí mismo.

Quería que aprendiera a ascender, por si descendía demasiado al aproximarse a la pista. Quería que se sintiera sana y salva en el cielo, y que supiera que para elevarse no tenía más que empujar el acelerador.

—Lo está haciendo muy bien, capitán. Es una piloto innata.

Después le dijo que tirara del acelerador hacia atrás e inclinara el morro justo por debajo del horizonte. Entonces ambos descendieron hasta la altura adecuada para iniciar el aterrizaje.

Ella lo miró desde el otro avión. Los dos aviones casi se tocaban en medio del aire, pero él no podía pilotar por ella: de lo único que disponía era de sus palabras.

—Casi hemos llegado —le dijo—. Está pilotando muy bien, María. Gire un poco hacia mí durante unos diez segundos y después vuelva a enderezar el avión.

Ella apretó el botón del micrófono, pero no dijo nada. El avión giró a la derecha.

—Lo está haciendo de maravilla. Me comunicaré con la torre de control a través de otra radio. No se preocupe, también estaré escuchando ésta. Puede hablarme cuando quiera, ¿vale?

Ella asintió con la cabeza.

Jamie sintonizó la segunda radio en la frecuencia de Cheyenne y llamó a la torre de control.

—Hola, Cheyenne, aquí Cessna 5407 Yankee. —El número del Cessna estaba pintado en el flanco del avión. No hacía falta dar el de su T-34.

—Adelante, cero siete Yankee.

—Cero siete Yankee es un vuelo de dos aviones, situados doce kilómetros al norte de la pista de aterrizaje.

—Comprendido, cero siete Yankee. Llame cuando se aproxime a la pista nueve.

—Procedo —dijo—. Y cero siete Yankee es un Cessna 182: el piloto está incapacitado y el pasajero está pilotando el avión. Vuelo a su lado para ayudarle.

Hubo una pausa.

—Repita, cero siete Yankee. ¿El piloto está qué?

—Está inconsciente. La pasajera pilota el avión.

—Comprendido. Puede aterrizar en cualquier pista. ¿Está declarando una emergencia?

—Negativo. Aterrizaremos en la pista nueve. Lo está haciendo bien, pero sería conveniente que una ambulancia esperara en la pista, y también un coche de bomberos. Mantenga los vehículos a la cola del avión cuando se disponga a aterrizar, ¿vale? Si circulan junto al aeroplano en el momento en que las ruedas se acercan al suelo corremos el riesgo de distraer a la piloto.

—Comprendido, sacaremos el equipo y lo mantendremos detrás del avión. Interrupción: que todos los aviones en la zona de Cheyenne se alejen del aeropuerto, por favor, hay una emergencia.

—Ella está escuchando en la frecuencia dos, dos ocho, torre. Yo le hablaré a través de esa frecuencia, pero escucharé la vuestra.

—Comprendido, cero siete Yankee. Buena suerte.

—No hace falta. La piloto lo está haciendo muy bien —dijo él.

A continuación sintonizó la otra frecuencia para comunicarse con ella.

—El aeropuerto se encuentra a su izquierda, María —le dijo—. Ahora daremos un giro amplio y suave para enfilar la pista de aterrizaje. Lentamente, no hay prisa. Le resultará fácil.

Volaron trazando amplios círculos mientras él le iba dando instrucciones.

—Ahora tire del acelerador hacia atrás e incline el morro hasta alcanzar la línea del horizonte, como antes. Será un descenso suave. Al avión le encanta.

Ella asintió con la cabeza. «Este hombre no deja de parlotear acerca de lo que les encanta a los aviones, así que lo que estamos haciendo no debe de ser tan peligroso...»

—Si no le gusta esta aproximación —dijo él—, podemos elevarnos de nuevo y practicar aproximaciones durante todo el día. Pero creo que ésta es bastante buena. Lo está haciendo muy bien. —Prefirió no preguntarle cuánto combustible le quedaba.

Ambos aviones giraron suavemente hacia la izquierda para realizar la aproximación final y enfilaron la pista de aterrizaje: era ancha, de cemento y tenía tres kilómetros de largo.

—Haremos lo siguiente: aterrizaremos con mucha suavidad y situaremos las ruedas a ambos lados de esa gran línea blanca que recorre el centro de la pista. Bien, capitán. Acelere un poco, empuje el acelerador un centímetro hacia delante...

Ella reaccionaba bien y con mucha tranquilidad.

—Eche el acelerador un poco hacia atrás. Oiga, es usted una piloto fantástica. Maneja los mandos a la perfección... —dijo alejándose ligeramente a medida que los aviones descendían—. No se desvíe, vuele a lo largo de esa línea central... Muy bien. Tranquila, relájese... Mueva los dedos de los pies. Vuela usted como una veterana. Tire el acelerador hacia atrás y también el timón, unos seis centímetros. Le parecerá un poco pesado, pero no se asuste, es exactamente como le debe parecer. Fantástico, hará un aterrizaje perfecto.

Las ruedas estaban a un metro de la pista, luego a cincuenta centímetros.

—Mantenga el morro levantado, así, perfecto, y ahora tire el acelerador completamente hacia atrás.

Las ruedas tocaron la pista y de los neumáticos surgieron nubecillas de humo azules.

—Un aterrizaje perfecto. Ahora ya puede soltar el timón: en tierra no lo necesita. Conduzca el avión en línea recta mediante los pedales y deje que se detenga ahí, en la pista. La ambulancia llegará de inmediato.

Jamie aceleró y el T-34 pasó junto al Cessna y volvió a elevarse.

—Bonito aterrizaje —dijo—. Es usted una excelente piloto.

Ella no contestó.

Jamie se volvió y vio que la ambulancia avanzaba por la pista a toda velocidad y frenaba cuando el avión empezaba a aminorar el paso. Al final el aeroplano se detuvo y se abrieron las puertas; acudió también el camión de bomberos, pero resultó innecesario.

Como la torre de control ya estaba bastante ocupada, Jamie no dijo nada más.

En menos de un minuto su avión había desaparecido en dirección a North Platte.

3

Al día siguiente, Jamie vio el artículo del periódico colgado en el tablón de anuncios del aeropuerto Lee Bird de North Platte: «Piloto incapacitado: esposa hace aterrizar el avión.»

Jamie frunció el ceño: «esposa» equivalía a «no-piloto». «Aún falta lo suyo para que la gente tome consciencia de que hay un montón de mujeres con título de piloto, y que cada día son más», pensó.

Tal vez el titular no era acertado, pero el artículo relataba la historia de manera bastante correcta. Cuando su marido se desplomó, María Ochoa, de 63 años, creyó que había muerto, se asustó, pidió ayuda, etc.

Más adelante, Jamie leyó lo siguiente: «Nunca podría haber aterrizado yo sola, pero el hombre del otro avión dijo que podía. Juro por Dios que me hipnotizó, ahí, en medio del aire. "Finja que es usted un piloto de línea aérea", me dijo. Y eso hice, porque lo cierto es que no sé pilotar. ¡Pero cuando me desperté, el avión había aterrizado sano y salvo!»

El artículo decía que su marido había sufrido un síncope y que se recuperaría.

«Jugar a ser un capitán de línea aérea funciona bien en el caso de los alumnos —pensó—, siempre ha sido así.»

Pero lo que ella había dicho lo desconcertó: ¿que la había hipnotizado? Se dirigió a la cafetería del aeropuerto para desayunar, preguntándose acerca del hipnotismo, recordando lo que le había ocurrido hacía treinta años. Le parecía tan reciente...

4

Se había sentado en primera fila, con la esperanza de que cuando el Gran Blacksmyth solicitara voluntarios entre el público, lo eligiera a él.

Cuando el espectáculo estaba llegando a su fin pensó que tal vez sería divertido subir al escenario, aunque no tenía nada claro que pudieran hipnotizarlo, ni siquiera que lo eligieran a él. Dos personas más, un hombre y una mujer, también subieron.

Blacksmyth el hipnotizador, un hombre de aspecto distinguido, con corbata blanca y esmoquin, pero de voz y actitud simpática, les dijo a los tres que se colocaran en fila frente al público. Jamie Forbes estaba en un extremo, el más cercano al centro del escenario.

El artista se situó detrás de los voluntarios y le dio a la mujer un empujoncito en el hombro; ella dio un paso atrás para no caer.

Después repitió la misma operación con el hombre, que también retrocedió un paso.

Forbes decidió que él sería diferente. Cuando la mano

del hipnotizador le tocó el hombro, Jamie se inclinó, confiando en que el Gran Blacksmyth no permitiría que cayera al suelo y le estropeara así el espectáculo.

Blacksmyth impidió que cayera, agradeció a los otros dos voluntarios su colaboración y los despidió entre aplausos.

Las cosas habían ido demasiado lejos.

—Lo siento —susurró cuando dejaron de aplaudir—, pero a mí no se me puede hipnotizar.

—Oh —dijo el artista en voz baja—. Entonces, ¿qué está haciendo en este planeta?

El hipnotizador hizo una pausa, guardó silencio y después le lanzó una sonrisa a Jamie Forbes. El público rio: ¿qué le ocurriría a este pobre sujeto?

En ese preciso momento, el sujeto sentía lástima por el artista: consideró que no debía abandonar el escenario y decidió seguirle el juego. Se lo había advertido, pero no tenía motivo para avergonzarlo delante de los mil miembros del público que habían pagado para verlo.

—¿Cómo se llama usted? —preguntó el hipnotizador en voz alta, para que todos lo oyeran.

—Jamie.

—¿Acaso nos conocemos, Jamie? —preguntó—. ¿Nos habíamos visto antes en alguna ocasión?

—No.

—Eso es correcto.

»Bien, Jamie, demos un pequeño paseo mental. ¿Ve esos siete peldaños que hay ahí delante? Pues ambos los bajaremos. Juntos bajaremos por los peldaños, hacia abajo, más hacia abajo...

Al principio Jamie Forbes no prestó atención a los

peldaños. Debían de ser de plástico o de madera, y estaban pintados para que parecieran de piedra. Los recorrió uno tras otro, junto al hipnotizador. Se preguntó cómo iba a ver el público el espectáculo, si el voluntario acababa situándose prácticamente debajo del escenario, pero decidió que eso era problema de Blacksmyth. Tal vez debía de utilizar espejos para su número.

Al pie de los peldaños había una pesada puerta de madera. Blacksmyth le dijo que la atravesara y, en cuanto Jamie estuvo al otro lado, el hipnotizador cerró la puerta tras él. Jamie lo oía con toda claridad a través de las paredes, mientras le describía al público lo que el voluntario veía ante sí: una habitación de piedra, vacía, sin puertas ni ventanas, pero bien iluminada. No era cuadrada, sino circular, y cuando Jamie se volvió para ver por dónde había entrado, cayó en la cuenta de que la puerta había desaparecido. Tal vez estaba pintada igual que las piedras y quedaba disimulada...

«Parece piedra —se dijo—. Debe de ser tela pintada para que parezca una pared de bloques de granito irregulares, como en una fortaleza medieval.»

—Mire a su alrededor, Jamie —dijo Blacksmyth desde el exterior—, y díganos lo que ve.

Él optó por no decir que sabía que era tela pintada.

—Parece una habitación de piedra —dijo—, en el interior de la torre de un castillo. No hay ventanas ni puertas.

—¿Está seguro de que es de piedra? —dijo la voz del hipnotizador.

«No me atosigues —pensó Jamie—. No cuentes con que mienta por ti.»

—Parece piedra. No estoy seguro.

—Averígüelo.

«Es su reputación, señor Blacksmyth», pensó acercándose a la pared. La tocó: el tacto era áspero y duro. Empujó con suavidad.

—Parece piedra.

—Quiero que esté seguro, Jamie. Apoye las manos en la piedra y empuje con todas sus fuerzas. Cuanto más empuje, tanto más sólida se volverá.

«¡Qué raro que diga eso! —pensó—. Si empujo con mucha fuerza, su escenario se llenará de bloques de madera.» Al principio empujó con suavidad y después cada vez con más fuerza. Era piedra sólida, no cabía duda. «Quizá más que un espectáculo de hipnosis sea uno de magia —pensó—. ¿Cómo se las ha arreglado Blacksmyth para construir una habitación de piedra debajo del escenario, y cómo se las apaña para trasladarla de un teatro a otro?»

Buscó la puerta, pero todo era de piedra. Presionó la pared, le pegó un par de patadas, y recorrió la habitación de no más de tres metros de diámetro empujando una y otra vez contra el granito y pateándolo con todas sus fuerzas. Si la pared hubiera sido de madera o de plástico sin duda la habría doblado. La situación era un tanto aterradora, pero Jamie sabía que Blacksmyth no podía tardar en liberarlo.

—Hay una manera de salir, Jamie —dijo el hipnotizador—. ¿Puede decirnos cuál es?

«Podría escalar la pared, si los huecos entre las piedras fueran más grandes», pensó. Al alzar la vista, vio que el techo también estaba formado por bloques sólidos. En la pared había una zona tiznada de negro, como si hubieran encendido allí una antorcha, pero, si éste era el caso, tanto la antorcha como el soporte que la sostenía habían desaparecido.

—No puedo escalar la pared —dijo.

—Dice que no puede escalarla —dijo Blacksmyth en tono alto y teatral—. ¿Lo ha intentado, Jamie?

Se lo tomó como una sugerencia: quizás había lugares ocultos donde agarrarse. No. Apoyó el pie en la primera hilera de bloques y su zapato se deslizó de inmediato.

—No puedo escalarla —dijo.

—¿Puede excavar un túnel por debajo, Jamie?

Parecía una idea estúpida, puesto que el suelo también era de piedra, al igual que las paredes y el techo. Se arrodilló y rascó la superficie, pero era tan resistente como el resto de la habitación.

—¿Y la puerta? Intente abrir la puerta.

—La puerta ha desaparecido —contestó. Se sentía como un tonto. ¿Cómo había podido desaparecer? Sabía que formaba parte del número, pero lo cierto era que la puerta ya no estaba. Atravesó la habitación y se abalanzó con todas sus fuerzas contra lo que parecía una pared de piedra, pero era sin duda contrachapado enyesado: lo único que consiguió fue lastimarse el hombro. ¿Cómo era posible que todo se hubiera convertido en piedra?

—Hay una manera de salir —repitió Blacksmyth—. ¿Puede decirnos cuál es?

Jamie Forbes estaba cansado y frustrado. Sea lo que fuera que estuviera pasando, el truco empezaba a aburrirlo. Ni puertas, ni ventanas, ni llaves, ni cuerdas, ni cables ni poleas, ni herramientas, ninguna combinación secreta.

Si había una manera de salir, una contraseña secreta que había que pronunciar en voz alta, él la ignoraba.

—¿Se da por vencido?

En vez de contestar, se apoyó contra la pared, corrió tres pasos, le pegó una patada a la pared opuesta y cayó al suelo, sin haberle hecho ni un rasguño a la pared.

—Sí —dijo, poniéndose de pie.

—He aquí la respuesta —dijo Blacksmyth en tono dramático—: ¡Atraviese la pared, Jamie!

«Se ha vuelto loco —pensó—, ha debido de perder la chaveta en medio del espectáculo.»

—No puedo —dijo en tono un tanto malhumorado—. No suelo atravesar paredes.

—Le diré la verdad, Jamie. No bromeo. Las paredes están en su mente. Usted puede atravesarlas si cree que puede hacerlo.

Jamie apoyó la mano en la piedra, con el brazo estirado.

—Sí —dijo—, vale.

—Bien, Jamie. Le revelaré dónde está el truco, ahora mismo. Usted no lo recuerda, pero ha sido hipnotizado. No está rodeado de paredes, sino en pie en el centro del escenario del Hotel Lafayette de Long Beach, California, y es la única persona de esta sala que cree que ha sido emparedado.

Las paredes de piedra seguían allí.

—¿Por qué me hace usted esto? —preguntó—. ¿Para divertirse?

—Sí, Jamie —dijo Blacksmyth con suavidad—. Lo hacemos para divertirnos. Usted se ha presentado voluntario, y recordará lo que está ocurriendo hoy aquí durante toda su vida.

—Ayúdeme, por favor —dijo Jamie, sin un rastro de orgullo ni de ira.

—Lo ayudaré a ayudarse a sí mismo —dijo Blacksmyth—. No debemos ser prisioneros de nuestras propias creencias. En cuanto haya contado hasta tres, atravesaré la pared de piedra que lo tiene encerrado, lo cogeré de la mano y ambos atravesaremos la pared hacia el otro lado. Y usted quedará libre.

¿Qué podía decir? Forbes optó por guardar silencio.

—Uno —dijo el hipnotizador—, dos... —larga pausa—. Tres.

De repente ocurrió lo que había dicho: durante un instante, Forbes vio que la piedra se volvía borrosa, como si fuera agua seca, e, inmediatamente después, Blacksmyth atravesó la pared de la prisión enfundado en su impecable esmoquin y le tendió la mano. Muy aliviado, Jamie la agarró.

—No creía... —dijo. El hipnotizador no se detuvo, ni tampoco le contestó; simplemente avanzó hacia el lado opuesto de la habitación arrastrándolo detrás de sí.

Debió de haber sonado como un alarido. Aunque no había sido ésa su intención, Jamie Forbes soltó un grito atónito, desconcertado y temeroso. El cuerpo de Blacksmyth se fundió con la piedra y, durante un instante, Forbes aferró un brazo despegado del cuerpo, una mano que lo arrastraba hacia delante, a través de la pared. Tal vez soltó otro grito, pero la pared lo amortiguó; un instante después, se oyó un clic, como el chasquido de dos dedos, y Forbes volvió a encontrarse en el escenario, agarrado a la mano del señor Blacksmyth, parpadeando bajo los focos mientras el fascinado aplauso de los espectadores lo envolvía.

El público visible, el que ocupaba las tres primeras filas que iluminaban los focos, se puso en pie y aplaudió con fervor al hipnotizador, y también a él. Eso supuso el final de la función. Blacksmyth dejó a Forbes envuelto en aplausos, desapareció entre bastidores y, antes de que las ovaciones del público se apagaran y se convirtieran en un murmullo, antes de que la gente recogiera sus programas, chaquetas y bolsos y se encendieran las luces, volvió a salir a escena dos veces.

Jamie Forbes se tambaleó hasta la platea, donde algunos miembros del público le sonrieron y le agradecieron su valor por presentarse voluntario.

—¿Era real? ¿Le pareció real, la piedra y todo eso?

—¡Claro que era real!

Rieron, le lanzaron sonrisas desconcertadas y le contaron lo que habían visto.

—Usted estaba en el centro del escenario. ¡Del escenario vacío! Blacksmyth se encontraba a su izquierda, hablándole. ¡Usted hizo que pareciera muy real! El brinco final, y la patada, ¡fue asombroso! ¿Así que de verdad creyó que...?

Más que creer, lo sabía. De camino a su apartamento, Forbes revivió la velada una y otra vez. Una pared de piedra sólida como cualquier roca, dura como el acero. ¿Creer? Hubiera muerto de hambre en esa habitación, atrapado por... ¿Por qué cosa? Más que por una creencia, por la más absoluta y ciega de las convicciones. A partir de la más leve de las sugerencias: «Demos un pequeño paseo mental...»

«¿Qué estaría pensando cuando he dicho que a mí no se me podía hipnotizar? —se dijo—. Me he dejado engatusar, me he dejado convencer de que estaba aprisionado. ¿Cómo ha podido ocurrir?»

Años después, se enteró de que no habría muerto allí, a solas. Al final se hubiera dormido y, al despertar, se hubiera recuperado de la creencia de que estaba emparedado, esa creencia que le había parecido tan real unas horas antes.

5

A la noche siguiente, el cartel del vestíbulo seguía ahí:

¡El Gran Blacksmyth!
¡Poderes mentales asombrosos!
¡Esta noche en escena!

Esa noche, la del último espectáculo, Jamie Forbes se sentó en medio del público, a treinta metros del escenario. «Esta vez no pienso presentarme voluntario —pensó—, esta noche me dedicaré a observar. ¿Qué me hizo anoche este hombre? ¿Cómo lo hizo?»

Todos los números eran divertidos, pero Jamie hizo caso omiso de la diversión y se concentró en observar lo que ocurría: un par de palabras en voz baja y la voluntaria entró en trance. Tras echar un único vistazo a unos naipes barajados, logró recordar la secuencia de cincuenta y dos naipes sin equivocarse ni una vez.

—Su brazo es tan rígido y sólido como una barra de

hierro —le dijo el hipnotizador a un voluntario relativamente menudo.

Ningún miembro del público fue capaz de doblarlo.

—Puedes ver el espíritu del difunto marido de la señora Dora Chapman con absoluta claridad —le sugirió a una adolescente—. ¿Puedes describir al señor Chapman?

—Sí, señor —dijo ella, sin pestañear—. Es alto, delgado, de ojos marrones, pelo negro peinado hacia atrás y un pequeño bigote. Sonríe como si se sintiera muy feliz. Lleva ropa de jinete, formal y... bueno, supongo que elegante, y una pajarita negra...

Tras describirlo, proyectaron una fotografía de Chapman sobre una pantalla para que el público la viera: el hombre vestía de un modo diferente, pero el resto coincidía. Llevaba el brazo en cabestrillo —debió de habérselo roto poco antes de ser fotografiado—, pero era él, sin duda. De algún modo lo había visto, a menos que la chica estuviera haciendo trampa, algo que Jamie Forbes dudó.

—Le encantaba montar y adoraba a su caballo —le susurró a Blacksmyth la viuda de Chapman, y después lo repitió para el público pegándose al micrófono.

El espectáculo prosiguió y Blacksmyth cumplió con lo prometido: poderes asombrosos demostrados por personas tan corrientes como el mismo Forbes.

Se preguntó si todo el público estaría formado por voluntarios de espectáculos anteriores que trataban de comprender qué les había ocurrido la noche en que ese hombre los había hipnotizado.

Mientras procuraba no revivir su propio estado de trance, empezó el último acto del espectáculo: ahí estaban los tres voluntarios en el escenario. Uno dio un paso atrás cuando el hipnotizador le rozó el hombro, el segundo empezó a caer y fue sostenido de inmediato, y el tercero se resistió al toque. Blacksmyth agradeció la colaboración del primero y del tercero y los despidió con un aplauso; al parecer al artista parecía importarle la cortesía.

Forbes trató de oír lo que Blacksmyth le decía en voz baja a la voluntaria restante, incluso procuró leerle los labios. Lo único que oyó fue la palabra «viaje». El hipnotizador le dijo algo diferente de lo que le había dicho a Jamie la noche anterior, le dedicó unos segundos más.

—¿Y cómo se llama usted, señora? —preguntó en voz alta.

—Lonnie —contestó la mujer en tono firme.

—¡Correcto! —dijo él. Aguardó que cesaran las risas, alzó la voz y continuó—: Bien, Lonnie, diga si usted y yo nos conocemos, si nos habíamos visto antes en alguna ocasión.

—No.

—Es verdad —dijo él—. Por favor, Lonnie, venga por aquí...

Jamie Forbes no vio colgada del escenario ninguna flecha que señalara al hombre como «El hipnotizador», ni a ella como «Voluntario que ya está en trance»; allí sólo había dos personas que caminaban juntas, algo de lo más cotidiano. Avanzaron hacia el centro del escenario. Ella dio tres pasos más, como si no se diera cuenta de que estaba sola, se volvió y empezó a mirar a su alrededor.

Forbes sintió un escalofrío. Sabía lo que ella estaba viendo: paredes, piedra, la celda. Pero nada la rodeaba. Nada. Aire. El escenario. El público. Ni siquiera una cortina transparente, ni un espejo o un truco de la iluminación.

Sin embargo, su rostro expresaba confusión, como el suyo la noche anterior. ¿Dónde estaba la puerta? ¿Dónde estaba Blacksmyth?

Se dio cuenta de que él no se había preguntado de dónde provenía la luz, y ella tampoco. Se preguntó si vería la marca de la antorcha en la piedra.

Vio que tendía la mano para tocar la pared invisible, para empujarla; se desplazó a la izquierda y volvió a empujar. «Quizá se está imaginando un tipo de piedra diferente —pensó—, pero es tan dura y sólida como la que me imaginé yo.»

—Hola... —dijo la mujer—. ¿Alguien puede oírme?

El público rio: «Claro que te oímos, ¡estamos aquí!»

Jamie Forbes ni siquiera sonrió. A esas alturas había empezado a estar bastante asustado.

¿Asustado de qué? ¿Por qué se había asustado?

Porque estaba atrapado, encerrado en la piedra. No había puertas, ni ventanas, y el techo y el suelo eran de piedra... Se sentía como un insecto atrapado en una taza de té: no tenía salida.

«Todo es un error», pensó, observando. Blacksmyth le había dicho que descendiera los peldaños y había murmurado algo más. Al pie de los peldaños estaba la puerta. Cada minuto era tan real como el de la víspera. Esa noche lo veía de un modo distinto: el escenario, un escenario vacío, y esa pobre mujer emparedada por su propia mente.

El público sonreía, fascinado, mientras Forbes se esforzaba por permanecer sentado, por no correr por el pasillo hasta el escenario y rescatarla, salvarla...

«¿De qué? —pensó Jamie—. ¿Salvarla de qué? ¿Qué hay que hacer para deshipnotizar a alguien completamente convencido de que una pared sólida (e invisible) lo aprisiona en un espacio en el que carece de comida, alimentos, e incluso casi de aire? ¿Quién hubiera podido comunicarse con él, haberle dicho que las paredes eran imaginarias y convencerlo de ello?

»No hubiera visto a los salvadores —pensó—. No hasta que estuvieran lo bastante cerca. ¿Lo bastante cerca para qué? Vería a alguien atravesando una sólida pared de piedra, ¿y se supone que debía creerle? Me diría que me lo estaba imaginando y yo respondería: "Sí, claro, y las paredes desaparecerán, ¿no? ¡Venga ya!"»

—¿Hola? —dijo Lonnie—. ¿Señor Blacksmyth? ¿Acaso piensa dejarme aquí? Señor Blacksmyth, ¿puede oírme? ¡Señor Blacksmyth!

Forbes miró al hipnotizador. ¿Cómo soporta los gritos? Porque dentro de un minuto estará gritando.

Lonnie se lanzó contra la curva de piedra imaginaria y la golpeó con los puños, que pronto le sangrarían.

«Basta ya, Blacksmyth —pensó Jamie—. Ya es suficiente.»

El público empezó a murmurar; había dejado de sonreír y empezaba a sentirse incómodo. Entonces el hipnotizador se acercó a la voluntaria y todas las miradas se dirigieron hacia él.

—Hay una manera de salir, Lonnie —dijo—. ¿Puede decirnos cuál es?

Ahora su rostro expresaba angustia.

—No —dijo en tono desesperanzado.

«¡Por amor de Dios, Lonnie! —pensó Jamie Forbes—. ¡Acércate y pégale un puñetazo a ese tipo!»

Pasarían años antes de que Jamie descubriera que para

aquella mujer, Blacksmyth era lo que los hipnotizadores denominan una alucinación negativa: no podía verlo, porque se lo impedía la alucinación positiva de la pared de piedra que se levantaba delante de su nariz, encerrándola.

En ese momento, Jamie Forbes pensó que lo único que podía despertarla era el chasquido de los dedos de Blacksmyth. No era verdad, pero fue lo que creyó mientras observaba.

—¿Ha intentado salir por todos los medios posibles? —preguntó Blacksmyth.

Ella asintió, con la cabeza gacha y mientras seguía empujando con ambas manos la pared de piedra que veía en su mente.

—¿Se da por vencida?

Ella asintió, vencida y exhausta.

—He aquí la respuesta —dijo el hipnotizador en tono dramático—. ¡Atraviese la pared, Lonnie!

Ella no hizo nada. Seguía empujando contra la pared de piedra, con los brazos extendidos, inclinada en una posición que parecía imposible de mantener, empujando contra el aire. ¿Cómo podría atravesarla, cómo podría pasar su cuerpo a través de algo que sus manos no lograban atravesar?

—Le diré la verdad, Lonnie. No bromeo. La pared está en su mente. Puede atravesarla, bastará con que lo crea.

¿Cuántas veces había pronunciado esas palabras? ¿Cómo te sientes al decirle la verdad a alguien incapaz de creer en ella?

—Le contaré el truco, Lonnie, ahora mismo. —Se volvió y se dirigió al público—. Ha sido hipnotizada. No hay paredes que la rodeen. Está de pie en el escenario del Hotel Lafayette de Long Beach, California, y usted es la única persona de esta sala que cree que está encerrada en esa prisión.

—No me haga daño, por favor.

—Le prometo que no le haré daño. La ayudaré a ayudarse a sí misma —dijo—. No es necesario que seamos prisioneros de nuestras creencias. Podemos recordar quiénes somos. En cuanto haya contado hasta tres, atravesaré la pared, la cogeré de la mano y ambos saldremos al otro lado. Y usted estará libre.

Lonnie tosió y soltó una breve risita desesperada.

—Déjeme salir, y punto —susurró.

—Uno —dijo Blacksmyth—. Dos. Tres.

El hipnotizador hizo lo que podría haber hecho cualquier miembro del público: avanzó cuatro pasos y se colocó a su lado. Al verlo, Lonnie soltó un alarido que le heló la sangre a todo el público. Blacksmyth le tendió la mano, pero ella se abrazó a su salvador.

—Ahora saldremos juntos —dijo él cogiéndola de la muñeca—. Ambos atravesaremos la...

—¡NO! —chilló la mujer—. ¡NO! ¡NO!

—Saldremos por la puerta —repuso él con calma.

Forbes comprendió enseguida que esa situación ya había ocurrido con anterioridad. Lonnie había superado el límite y el hipnotizador había pasado al Plan B: sugerirle salir por la puerta.

«¿Cuál será el Plan C? —pensó—. Supongo que chasquear los dedos, despertarla al mundo del escenario, del público, recordarle que se había presentado voluntaria...»

La mujer se apartó, aferró el pomo invisible de la puerta invisible con alivio desesperado, avanzó unos pasos y se detuvo jadeando. Después se volvió hacia el hipnotizador. Él le tendió la mano y esta vez la mujer se la cogió. Blacksmyth alzó su otra mano, sonrió y chasqueó los dedos.

Fue como si le hubiera dado un bofetón. Ella regresó, con los ojos como platos.

Entonces estallaron los aplausos, como una ola que arrastró la tensión insoportable de la sala; algunos ya se habían puesto de pie, anonadados por lo que habían visto.

Blacksmyth hizo una reverencia y, como le sostenía la mano, ella también se inclinó, desconcertada. El rugido del público maravillado y atónito inundó la sala.

Lonnie se secó las lágrimas e, incluso desde su fila, Jamie Forbes oyó su tono afligido.

—¿Qué me ha hecho?

Blacksmyth le respondió con unas palabras que sólo ella podía oír, se volvió y agradeció los aplausos. «No subestime la fuerza de sus propias convicciones.»

Durante días, el extraño espectáculo obsesionó a Jamie Forbes; no dejó de darle vueltas hasta que se desvaneció sin lograr encontrar una respuesta, eclipsado por su eterna obsesión: volar.

Mantuvo aquel misterio enterrado durante muchos años, hasta bien entrada la madrugada de aquel día en North Platte, Nebraska.

6

Eran las ocho y media de la mañana y la cafetería del aeropuerto estaba muy concurrida. Jamie encontró una mesa vacía y abrió el menú.

—¿Puedo sentarme en tu mesa?

Jamie Forbes alzó la vista y la miró: era una de esas personas que te agradan en cuanto las ves.

—Desde luego —dijo.

—¿Es aquí donde se aprende a pilotar? —dijo ella, dejando una mochila junto a la silla.

—No —contestó él y, señalando el cielo a través de la ventana, añadió—: es allí arriba.

Ella miró el cielo y asintió con la cabeza.

—Siempre he dicho que un día lo haría. Aprender a pilotar. Me lo había prometido a mí misma, pero no logré hacerlo realidad.

—Nunca es demasiado tarde.

—Oh... —dijo ella con una sonrisa nostálgica—. Creo que para mí, sí... —Le tendió la mano y añadió—: Me llamo Dee Hallock.

—Jamie Forbes.

Ambos echaron un vistazo al menú. «Tomaré algo ligero —pensó él—. Zumo de naranja y tostadas sería... un desayuno sano.»

—¿Estás viajando? —preguntó él.

—Sí, haciendo autostop —contestó ella, dejando el menú en la mesa. Cuando llegó la camarera, dijo—: Té y tostadas, por favor. Té de menta y tostadas de pan blanco.

—Sí, señora —dijo la camarera, memorizando un pedido sencillo. Después se dirigió a él.

—Chocolate caliente y tostadas de pan integral, si las hay. —«¿Haciendo autostop?», pensó.

—Hoy volarán, ¿verdad? Todos esos platos ligeros... —dijo la camarera.

—Ligero es bueno —dijo él; la camarera sonrió y se dirigió a otra mesa, memorizando los pedidos.

—¿Haces autostop en coche o en avión? —preguntó Jamie.

—No se me había ocurrido hacer autostop en avión —dijo Dee—. ¿Acaso se puede?

—No pierdes nada por preguntar, pero has de tener cuidado.

—¿Ah, sí?

—Ésta es una zona montañosa. Cuando llevan pasajeros, a algunos aviones les cuesta mantenerse por encima de las montañas. —«Tendrá unos cuarenta años. Parece una mujer de negocios. ¿Por qué hace autostop?»

—Para responder a tu pregunta —dijo ella—, estoy comprobando una hipótesis.

Tenía el cabello castaño oscuro, los ojos pardos y esa

belleza magnética que la curiosidad y la inteligencia otorgan al rostro de una mujer.

—¿Mi pregunta?

—«¿Por qué hace autostop?»

—Tienes razón —dijo él, parpadeando—. Estaba pensando algo por el estilo. ¿Cuál es tu hipótesis?

—Las coincidencias no existen.

«Una idea interesante.»

—¿Qué tipo de coincidencias son las que no existen?

—Soy una exploradora de la igualdad de oportunidades —dijo ella—. Da igual de qué tipo. Tú y yo, por ejemplo. No me sorprendería que ambos tuviéramos un amigo importante en común. No me sorprendería que este encuentro se hubiera producido por algún motivo, no me sorprendería en absoluto.

Lo miró como si Jamie supiera que existía un motivo.

—Claro que no hay manera de saberlo —dijo él.

—Excepto por una coincidencia —le dijo ella, sonriendo.

—Algo que no existe.

—Eso es lo que intento averiguar.

«Una búsqueda interesante», pensó él.

—¿Y estás encontrando más coincidencias por kilómetro en la carretera que en la oficina?

Ella asintió.

—¿No te parece peligroso hacer autostop? ¿Una mujer atractiva, que pide que la recoja cualquiera?

Dee soltó una risa que significaba: «Eso es imposible.»

—No atraigo el peligro.

«¿Ah, no? —pensó Jamie—. ¿Estás muy segura de ti misma, o sólo eres una ingenua?»

—Y tu hipótesis, ¿se sostiene?

—No estoy preparada para llamarla una ley, pero creo que en poco tiempo se convertirá en mi teoría.

La idea de que podía atraer el peligro la había hecho sonreír... Jamie aún no lo comprendía.

—Y yo, ¿soy una coincidencia? —preguntó él.

—¿Es Jamie una coincidencia? —preguntó, como si hablara con alguien invisible para él—. Claro que no. Te lo diré más adelante.

—Yo sí creo que tú eres una coincidencia —le dijo él—. Y eso no tiene nada de malo. Te deseo un buen viaje.

—¿Acaso todo lo que he dicho no significa nada para ti? —preguntó Dee—. ¿No hay nada que te haya hecho cambiar hasta ahora?

—«Hasta ahora» es la frase pertinente —dijo él—. Dime algo que me sorprenda, algo que me cambie la vida y que sea imposible que yo sepa: entonces estaré de acuerdo con que tú no eres una coincidencia.

Ella reflexionó un momento, sonriendo apenas.

—Pues te diré algo —dijo—. Soy una hipnotizadora.

7

De vez en cuando, una sola palabra tenía la capacidad de tumbar a Jamie Forbes y él oía cómo sucedía. Era como el ruido de la radio del avión cuando nadie está transmitiendo: de repente aumenta de volumen y la interferencia te invade el cerebro.

«Quizá sea como si de pronto el pensamiento se acelerara y girara sin control», pensó, contando sin contar... Tras siete segundos su oído volvió a funcionar.

«¿Por qué esta persona ha elegido sentarse precisamente en mi mesa, justo la primera vez que me pregunto si tal vez hipnoticé a María Ochoa mientras volábamos y segundos después de que recordara lo que me sucedió? Porque la cafetería está muy llena, por eso. ¿Cómo sabe lo que estoy pensando? ¿Acaso es capaz de leer los pensamientos? ¿Es alguien que parece humano, pero no lo es? ¿Por qué lo inexplicable me ocurre aquí, en North Platte, Nebraska: acaso me ha atrapado una alienígena? ¿Cómo ha podido adivinar que mi vida está cambiando, si nunca nos habíamos visto antes? Casualidad. Coincidencia. Lo más probable es que no venga de Marte.»

Había sido un silencio prolongado. Jamie alzó la vista al cielo, al otro lado de la ventana, y después la miró a los ojos.

—Bien: ¿qué te hace pensar que creo que tu profesión me cambiará la vida?

La camarera les sirvió el desayuno.

—¿Desea algo más?

Él negó con la cabeza.

—No, gracias —dijo la hipnotizadora.

A solas con sus tostadas, él volvió a lanzarle una pregunta con la mirada: «¿Por qué crees que me importaría?»

—Creí que te resultaría interesante —dijo ella—. Me estoy apartando de mi propio camino. En lugar de desdeñar la imaginación y pensar que es una tontería, he decidido confiar en ella. Y, en efecto, he despertado tu interés.

—Es verdad —dijo él—. ¿Te digo por qué?

—Por favor.

Le contó lo ocurrido el día anterior, resumió la historia y le dijo que esa mañana, cuando María le había dicho al periodista que él la había hipnotizado y convertido en un capitán de avión, se había preguntado si de verdad lo había hecho.

Ella le lanzó una mirada fría y profesional.

—La convertiste en bastante más que en un capitán de avión.

—Oh. ¿Qué es el hipnotismo?

Cuando Jamie Forbes quería aprender algo, no le importaba que lo consideraran estúpido.

—El hipnotismo —dijo ella, como si preguntar qué

era no fuera una estupidez— es una sugerencia aceptada.

Él aguardó.

Ella se encogió de hombros.

—¿Eso es todo?

Ella asintió.

—Eso es una definición bastante amplia, ¿no?

—No. Vuelve a contarme la historia, lo que recuerdes; me detendré cada vez que la hipnotizaste.

Él echó un vistazo al reloj que colgaba por encima de la barra. Era un reloj de estilo Art Déco y sus estilizadas manecillas en forma de palas de hélice cromadas señalaban las nueve y las tres.

—He de ponerme en marcha.

—Que tengas un buen vuelo —dijo ella—. Esto es importante.

El mensaje contradictorio lo hizo parpadear. «Quizá tenga razón. El tiempo está mejorando hacia el este: es un frente pasajero. Es temprano. Puedo esperar hasta que mejore un poco más.»

—De acuerdo. Esto es lo que ocurrió.

Volvió a relatarle lo ocurrido según lo recordaba, sabiendo que lo interrumpiría cuando llegara a lo de la aerolínea.

—Lo primero que dijo fue: «¡Que alguien me ayude, ha muerto!» Y yo le dije: «Puede que sí, señora, y puede que no.»

—Alto —dijo la hipnotizadora—. Sugeriste que quizás estaba equivocada y que tal vez su marido aún estaba vivo. Fue una idea nueva, ella la aceptó y eso le dio esperanzas y, aún más, un motivo para seguir viviendo.

Él no lo había tenido en cuenta.

—Le dije que podía pilotar el avión sin él.

—Alto —dijo Dee Hallock—. Le sugeriste que ella podía pilotar el avión. Era otra nueva opción.

—Dije: «Será mejor que lo bajemos a tierra.» Dije «bajemos» porque creí saber lo que diría después.

—Alto. No sólo la estabas hipnotizando: sabías que lo hacías.

—Ella dijo que no podía pilotar un avión, así que yo dije: «Vale, usted y yo lo haremos aterrizar juntos.»

—Alto. Niegas sus palabras, niegas que ella sea incapaz de pilotar y, sin embargo, tu tono de voz, tu confianza, afirman lo contrario. Negación y afirmación: sugerencias que conducen a una demostración.

Siguieron adelante, y la mujer lo interrumpió tras casi cada oración. Dijo que Forbes sugirió que María era capaz de pilotar, que le proporcionó una afirmación y una confirmación, que empleó indicaciones no verbales, que sugirió que aceptara su autoridad como instructor, que sugirió que ella podía confiar en que él la haría aterrizar sana y salva, que confirmó las sugerencias con humor... La lista prosiguió, con una nota al pie para cada oración que Jamie recordaba.

Él asintió con la cabeza, convencido. Ahora su compañera de desayuno había logrado que aceptara su sugerencia de que él guiaba la mente de María. «¿Acaso el hipnotismo era algo tan sencillo? "Me comunicaré con la torre de control a través de otra radio. No se preocupe, también estaré escuchando ésta. Puede hablarme cuando quiera, ¿vale?"»

—Alto —dijo ella—. ¿Qué le estás diciendo ahora?

—Ella casi no tiene que hacer nada. El señor Autoridad vigila todos sus movimientos, aunque esté hablando con otro.

—Exacto.

—Le dije a la torre: «Negativo. Aterrizaremos en la pista nueve. Lo está haciendo bien, pero sería conveniente que una ambulancia esperara en la pista, y también un coche de bomberos. Mantenga los vehículos a la cola del avión cuando se disponga a aterrizar, ¿vale? Si circulan junto al aeroplano en el momento en que las ruedas se acercan al suelo corremos el riesgo de distraer a la piloto.»

—Alto. ¿Qué estás haciendo ahora?

—Estoy hipnotizando al controlador de la torre —dijo con una sonrisa.

Ella asintió con expresión solemne.

—Sí. Sugieres que estás al mando y que él lo aceptará.

—«El aeropuerto se encuentra a su izquierda, María. Ahora daremos un giro amplio y suave para enfilar la pista de aterrizaje. Lentamente, no hay prisa. Le resultará fácil.»

—Pues de eso se trata —dijo ella—. De sugerir un futuro ya alcanzado con éxito.

—Tuve éxito, ¿verdad?

—¿Qué te parece? —dijo Dee Hallock—. Mientras me contabas la historia, ¿cuántas sugerencias has hecho, dos docenas, tres docenas? ¿Cuántas no me has contado? Mis clientes entran en un trance moderado tras una única oración. —Alzó la taza de té, pero no bebió—. Sugerencia-Afirmación-Confirmación, una y otra vez en círculo, como esas espirales que aparecían en las películas para mostrar que alguien estaba... hipnotizado...

—¿Estás diciendo que no sólo se trata de mí, que cualquiera puede hipnotizarnos? ¿Que todos somos capaces de hacerlo?

—No sólo lo puede hacer todo el mundo, sino que todo el mundo lo hace, todos los días. Tú lo haces, yo lo hago, todo el día y toda la noche.

Por su mirada, él supuso que Gee tenía la sensación de que él no le creía. Ella se inclinó hacia delante, seria.

—Jamie, cada vez que pensamos o decimos: soy..., siento..., quiero..., creo..., sé..., haré..., esto es..., esto no es... Cada vez que hacemos un juicio de valor: bueno, malo, mejor, malvado, bello, inútil, fantástico, correcto, incorrecto, terrible, encantador, magnífico, una pérdida de tiempo...

Su mirada expresaba: «Supongo que ya te imaginas el alcance que puede llegar a tener todo esto.»

—Una y otra vez, cada afirmación que hacemos no es una afirmación, sino una sugerencia, y todas las que aceptamos nos someten más profundamente. Cada sugerencia se intensifica a sí misma.

—Si me digo a mí mismo que me encuentro estupendamente cuando me encuentro mal —dio Jamie—, ¿este «estupendamente» se intensifica?

—Sí. Si nos decimos a nosotros mismos que nos encontramos estupendamente cuando nos encontramos mal, el malestar se disipa con cada sugerencia. Si nos decimos que nos encontramos pésimamente cuando nos encontramos mal, cada vez nos encontraremos peor. Las sugerencias intensifican.

Dee se detuvo y alzó las cejas durante un segundo, sin duda sorprendida ante la intensidad de sus propias palabras.

—Eso es interesante —dijo Jamie; sus palabras se subrayaban a sí mismas, lo sumían en un trance, lo convencían de que lo que ella decía era mucho más que interesante. Si una cuarta parte de lo que decía fuera cierto, si una décima parte fuera cierta...

—El hipnotismo no es ningún misterio, Jamie. Sólo consiste en repeticiones, una y otra vez. Las sugerencias provienen de todas partes, de nosotros mismos, de los seres humanos que vemos: piensa esto, haz esto, sé esto. Sugerencias de las rocas: que son sólidas, son sustancia, incluso cuando sabemos que toda la materia se limita a ser energía que percibimos como sustancia. No existe nada que sea sólido, sólo lo parece.

Como si hubiera decidido no volver a meterse en honduras, ella sostuvo la taza de té en silencio.

«Sugerencia, afirmación —pensó él—. Tiene razón. Partiendo de todas las sugerencias que hemos escuchado, visto o tocado, formamos nuestra verdad con las que aceptamos. Lo que se cumple no son nuestros deseos ni nuestros sueños: son las sugerencias que aceptamos.»

—Tú hipnotizaste a María —dijo ella por fin—, la sumiste en un trance tan profundo que no era María quien hacía aterrizar el avión, sino tú. Tu mente tomó prestado el cuerpo de ella durante el tiempo suficiente para salvarle la vida.

Dee depositó la taza de té con mucho cuidado, como si supiera que el té nunca debe inclinarse.

—Dime una cosa... —dijo, y a continuación guardó silencio.

—¿Que te diga qué? —preguntó él después de un momento.

—¿Llegaste a pensar ayer que tal vez esa mujer sería incapaz de hacer aterrizar el avión?

Jamie guardó silencio. Era impensable. Era tan impensable que María fuera incapaz de hacer aterrizar el avión como que lo fuera él mismo.

—Aceptaste tus propias sugerencias —dijo su extraña compañera—. A eso se le llama autohipnosis.

8

Tras haber ido con el corazón en la mano durante demasiados años, Jamie Forbes se esforzó en hacer todo lo contrario hasta que esa práctica se convirtió casi en una costumbre.

«Esa Dee Harmon —pensó—, la autostopista en busca de coincidencias, me ha dado mucho que pensar.»

Echó un vistazo al reloj y depositó dos billetes de diez dólares en la mesa de la cafetería.

—He de ponerme en marcha —dijo—. Si la cuenta sube más de veinte dólares, me temo que tendrás que pagarlos tú.

—Gracias —dijo ella—. Lo haré. ¿Adónde te diriges?

—Calculo que llegaré a Arkansas a mediodía. Después volaré hacia el sureste.

Jamie se puso de pie.

—Encantada de conocerte, Jamie Forbes —le dijo ella sin levantarse.

«He de ponerme en marcha —pensó él, abandonando

la cafetería—. No he de ponerme en marcha en absoluto. Podría quedarme aquí hablando con esta persona durante todo el día, y averiguar cuánto sabe. Pero la verdad es que quiero marcharme; se trata de una sugerencia que acepto, que tengo ganas de aceptar: marcharme me pone de buen humor. Atravesar la rampa hasta el avión, montar en la carlinga y reponerme de un montón de ideas disparatadas, que me lo parecen aún más cuando pienso que podrían ser verdad.»

Abrocharse el cinturón y el arnés, ajustar las hebillas, ponerse el casco, conectar la radio, ponerse los guantes. A veces cumplir con una rutina que tiene un propósito supone un gran placer.

Mezcla: DE ALTO OCTANAJE.

Palanca de la hélice: A TODO GAS.

Magnetos: AMBOS.

Batería: CONECTADA.

Propulsor de arranque: CONECTADO, dos-tres-cuatro-cinco, DESCONECTADO.

Zona de la hélice: DESPEJADA.

Interruptor de arranque: CONECTADO.

Las tres palas de la hélice giraron lentamente delante del parabrisas y, en cuanto arrancó el motor, desaparecieron envueltas en una humareda azul, que disipó de inmediato la explosión.

Presión del aceite: COMPROBADA.

Alternador: CONECTADO.

Nunca se había cansado de volar, nunca lo había aburrido. Cada vez que el motor arrancaba empezaba una nueva aventura: esa preciosa máquina volvía a cobrar vida, y en cada despegue su alma se combinaba con la del avión para conseguir lo que nadie había logrado: alejarse del suelo y volar.

También se alejaba del té con tostadas con Dee Holland; durante el despegue se olvidó de ella por completo.

«Estamos volando.»

Ruedas arriba.

Velocidad relativa de vuelo y de ascensión: correctas. Presión del aceite y temperatura, presión del colector, revoluciones del motor, flujo del combustible, horas de luz restantes, culata... Temperatura del tubo de escape, en verde, y nivel del combustible correcto. Sólo faltaba comprobar que no hubiera otros aviones cerca y observar el panorama que se extendía por debajo del avión.

Una vez que uno domina los aspectos básicos del pilotaje de un avión, en la carlinga hay espacio de sobra para la doble personalidad. Una mente pilota el avión, la otra, resuelve misterios para divertirse.

Al cabo de sólo unos minutos, a 2.200 metros de altura, mientras el avión volaba hacia Arkansas a uno-cuatro-cero grados, una de las mentes de Jamie Forbes empezó a preguntarse qué otra razón, aparte de la pura coincidencia, le había llevado esa mañana a encontrarse con Dee Harrelson y presenciar su empeño por argumentar ante él lo que tan convencida estaba de que era verdad.

«Tampoco hace falta poner etiquetas a todos los acontecimientos —pensó—, tanto si se tratan de una coincidencia como del destino. Lo que importa es lo que ocurre después: que aprovechemos esas pequeñas escenas que nos ofrece la vida o que dejemos que se pierdan en el Mar de los Encuentros Olvidados.

»¿He hipnotizado a María para que aterrizara sana y

salva? ¿Me he hipnotizado a mí mismo para convencerme de que podía ayudarla a hacerlo? ¿Acaso el hipnotismo es algo tan corriente que lo practicamos en todo momento tanto con nosotros mismos como con los demás, y ni siquiera lo notamos?

»El hipnotismo no pretende decirnos por qué estamos aquí, pero no deja de parlotear acerca de la manera en la que llegamos aquí y cómo seguimos el juego.

»¿Y si la versión de la autostopista fuera cierta? ¿Y si cuando María aterrizó estaba realmente en trance?

»Si la hipnosis simplemente consiste en aceptar sugerencias, entonces gran parte del mundo que nos rodea ha de ser el producto de nuestras propias pinceladas.»

—Hola, torre de control de Pratt. Swift 2304 Bravo está iniciando un giro a la izquierda a cuarenta y cinco grados en la dirección del viento para enfilar la pista tres cinco de Pratt. —La voz que surgía de la radio era apenas perceptible: el otro avión debía de estar a kilómetros de distancia.

¿Qué sugerencias? Por primera vez en la vida, en medio del alto y ruidoso silencio de la carlinga, Jamie abrió los ojos para ver.

Revivió sus días pasados, tanto a solas como junto a otros, su matrimonio, sus experiencias profesionales, los tiempos del instituto, de primaria, de la guardería, de su vida como niño. ¿Cómo pasamos a formar parte de una cultura, de un determinado tipo de vida, si no es aceptando las sugerencias que esa cultura nos ofrece y apropiándonos de ellas?

«Sugerencias a miles —pensó—, a millones... Hay océanos de sugerencias: aceptadas, veneradas, razonables y no razonables, rechazadas, ignoradas... Todas ellas vertiéndose en mí sin ser vistas, fluyendo a través de todos los seres humanos, de todos los animales, de todas las formas de vida de la Tierra: tengo que comer y dormir, sentir calor y frío, dolor y placer, mi corazón debe latir, debo respirar, aprender todas las leyes de la física y obedecerlas, aceptar sugerencias que aseguran que ésta es la única vida que hay, que ha habido y que habrá. Dee Hartridge sólo estaba haciendo insinuaciones.

»Cualquier afirmación con la que pudiéramos estar de acuerdo o no, en cualquier ámbito, supone una sugerencia.»

La idea lo dejó anonadado. Casi se olvidó del avión. ¿Cualquier afirmación? Eso significaba casi todas las palabras que había pronunciado, oído, pensado y soñado, interminablemente, de día y de noche durante más de medio siglo, sin contar las sugerencias no verbales, que serían al menos diez mil veces más numerosas.

«Cada milésima de segundo percibimos una pared, reiteramos sólido-imposible-de-atravesar. ¿Durante cuántos microsegundos del día tienen nuestros sentidos la sensación de percibir alguna pared? Puertas. Suelos. Techos. Ventanas. ¿Durante cuántas milésimas de segundo aceptamos límites-límites-límites sin darnos cuenta siquiera de que lo hacemos?

»¿Cuántos nanosegundos contiene un día? —se preguntó—. ¿Un trillón? Y ese número de sugerencias diarias corresponde únicamente al ámbito de la arquitectura. Hay otros campos que, al mismo tiempo, nos transmiten sugerencias acerca de sus propios límites, por ejemplo, la percepción, la biología, la fisiología, la química, la aeronáutica, la hidrodinámica, la física del láser... Podemos introducir aquí la lista de todas las disciplinas concebidas por la mente humana.

»Por eso los niños, mientras son niños, son indefensos, aunque aprendan cada segundo a mayor velocidad que el rayo. Han de aceptar una base, una masa crítica de sugerencias, aclimatarse y pasar de lo espiritual a nuestros hábitos relativos al espacio y el tiempo.

»La infancia supone el entrenamiento básico para saber que somos mortales. Los pobres niños han de enfrentarse a tal torrente de sugerencias que no es de extrañar que necesiten nadar durante años antes de alcanzar las primeras aguas tranquilas y empezar a pensar por su cuenta. Es asombroso que la primera palabra que pron[...] sea "¡Socorro!". Quizá sea ése el significado de[...] llanto.»

Una hora y diez minutos después del despe[...] trumental del motor estaba en verde, la veloci[...] rra era de 150 nudos con el viento en contra, el[...] ba despejado y no había turbulencias. Hora [...] prevista a Arkansas: al cabo de más de una hora.

«Y en medio de todo eso —pensó—, nosotros los mortales hemos de aprender a tener miedo. Somos mortales, de modo que el miedo es necesario: la destrucción ha de ser posible si vamos a jugar el juego.

»Tenemos que jugar, tenemos que sumergirnos cada vez más en ese océano de sugerencias que nos dice que somos mortales, limitados, vulnerables, incapaces de ver más allá del torbellino de hojarasca en el que nos arrastran nuestros sentidos; se trata de convertir mentiras en creencias inquebrantables, de no hacer preguntas y, mientras, esforzarnos por seguir vivos durante el mayor tiempo posible y tratar de descubrir por qué estamos aquí y qué motivo podríamos tener para decir que este juego es un entretenimiento.

»¡Ah!, y todas las auténticas respuestas están ocultas y el juego consiste en encontrarlas en medio de una polvareda de respuestas falsas, que otros jugadores consideran que les funcionan, pero que a nosotros no nos sirven en absoluto.

»No te rías, niño. Para los mortales es un juego fascinante, y también lo será para ti cuando aceptes que eres uno de ellos.»

De cadete, cuando aprendía a pilotar, Jamie Forbes asistió a clases sobre el mal de altura, que supuestamente sufrían los pilotos al volar a gran altitud. Ahora se preguntó si existía algo parecido a la consciencia de la altitud, si, tras volar durante un número indeterminado de años, uno llega a comprender ciertas cosas, cosas que jamás hubieras averiguado en tierra.

Si no sigues las reglas, no puedes jugar.

La regla número uno de la vida en el espacio-tiempo es obvia: «Has de creer en el espacio-tiempo.»

En cuanto hemos recibido unos escasos billones de sugerencias acerca de los límites de las cuatro dimensiones, es decir, cuando tenemos dos días, la confirmación no tarda en llegar. Estamos perdidos en medio del trance de Soy un Bebé Humano Indefenso, pero somos jugadores.

¿Y qué pasa con esos que cambian de opinión, que optan por retirar su consentimiento y se niegan a aceptar la tormenta de arena que suponen las sugerencias de este planeta? ¿Qué pasa con los que dicen: «¡Soy espíritu! ¡Las creencias de este mundo delirante no me limitan y no fingiré que lo hacen!»

Lo que les ocurre es lo siguiente: «Pobrecito: ha nacido muerto. El chiquitín ha vivido menos de una hora, es una pena. No estaba enfermo, sencillamente no lo ha logrado. ¿Quién ha dicho que la vida es justa?»

«Los que se someten, dan su consentimiento para ser hipnotizados —pensó Jamie Forbes mientras volaba a 2.200 metros de altitud—. Ésos somos nosotros. Ése soy yo.»

La velocidad en tierra descendió a 135. Jamie reinició el GPS y cambió su destino de Arkansas a Ponca City, Oklahoma. «Nunca he estado allí —pensó—, pero pronto estaré.»

9

—¿Dónde están los libros sobre aviación?

La librería de segunda mano que había cerca del aeropuerto de Ponca City prometía: parecía llevar unos ochenta años en el mismo lugar.

—Los libros sobre aviación están por allí, donde pone «Viajes», y después girando a la izquierda —dijo el empleado—. Están al final del pasillo, a la derecha.

—Gracias.

Jamie descubrió que no había muchos y ninguno acerca de lo que le entusiasmaba en aquel momento: la historia de los hidroaviones. Pero encontró tres libros estupendos, todos en la misma estantería, uno junto a otro: los dos volúmenes de *Aircraft and Engine Maintenance*, de Brimm y Bogess, muy difíciles de encontrar y a muy buen precio (tres dólares cada uno, cuando en realidad valían cuarenta), y *Slide Rule*, de Neville Shute, que versaba sobre la vida del autor como ingeniero de aviación.

El estante estaba a la altura de sus ojos y cuando sacó los tres libros juntos, dejaron un hueco considerable. En otra ocasión, habría dado simplemente media vuelta y se habría dirigido a la caja, pero como no tenía prisa, tuvo tiempo de darse cuenta de que había otro libro detrás de los que había sacado. Con la esperanza de que fuera *Seaplanes of the Twenties*, alargó la mano y lo cogió.

Pero no lo era. Ni siquiera versaba sobre aviones. Era *Encyclopedia of Stage Entertainers*, de Winston. Al leer el título, sin embargo, Jamie se acordó del Hotel Lafayette de Long Beach, California, y buscó en el libro al único artista que había visto en persona.

«Samuel Black», también conocido como El Gran Blacksmyth.

«Hipnotizador de escena (1948-1988). Dicen que durante la década de 1970 no había nadie que igualara a Black.»

«¿Y si creyéramos que estamos encadenados por algo que no existe?», le preguntó a un periodista de la revista *Variety*. «¿Y si el mundo que nos rodea fuera un reflejo perfecto de lo que creemos, sea lo que sea?»

Black abandonó los escenarios en 1987, cuando su popularidad había alcanzado la cima.

En su diario escribió que estaba explorando lo que él denominaba «otras dimensiones» y que había hecho «... algunos descubrimientos muy interesantes para mí, y he decidido abandonar mi cuerpo y luego regresar a él, mientras goce de buena salud». (*Los Angeles Times*, 22 de junio de 1988.)

Fue hallado muerto sin causa aparente el 12 de noviembre de ese mismo año.

Su esposa, Gwendolyn (nacida en 1951), es hipnoterapeuta.

Forbes dejó los tres libros sobre aviación en el mostrador, sintiéndose algo culpable por el precio irrisorio que iba a pagar por los libros de Brimm y Bogess, y después le tendió la enciclopedia al empleado, que probablemente era también el dueño.

—Este libro estaba en la sección Aviación. Trata de artistas teatrales.

—Gracias. Lo siento, lo colocaré en su lugar correspondiente —dijo el empleado—. Serán tres dólares por estos dos y cuatro por la obra de Neville Shute. ¿Le parece bien? —preguntó, como si estuviera dispuesto a aceptar una suma menor.

—Me parece estupendo. Es un excelente autor.

—*The Rainbow and the Rose, Round the Bend, Trustee from the Toolroom* —dijo el empleado con una sonrisa de satisfacción: estaba claro que ambos tenían buen gusto—. Escribió veintitrés libros. Todos lo recuerdan por *On the Beach*, pero creo que no es su mejor libro.

Era el dueño, no había duda.

—Quería decirle que los volúmenes de Brimm y Bogess son demasiado baratos —dijo Jamie—. A ese precio, me estoy aprovechando de usted.

El hombre agitó la mano.

—Ése es el precio que les puse. La próxima vez los cobraré más caros.

Estuvieron un rato charlando sobre Neville Shute Norway. De pronto el autor cobró vida, era como si estuviera presente en la librería: sus historias borraron la distancia entre dos personas que nunca había conocido en vida.

Media hora después, Forbes se marchó con Brimm y

Bogess, *Slide Rule* y dos libros más de Neville Shute. Eran dos ediciones en tapa blanda que quería volver a leer, así que decidió pasar la noche en Ponca City.

«¿Será limitarte a pagar el precio que te piden por unos libros hacer trampa?», se preguntó.

«No, no lo es», decidió.

10

Esa noche, aún dichoso por haber encontrado viejos amigos en viejas páginas, Jamie Forbes fue a cenar al restaurante del motel.

—Bienvenido a Ponca City —dijo la camarera con una sonrisa que le valió una espléndida propina incluso antes de que Jamie hubiera pedido. Le pasó el menú y le susurró un secreto—: Las ensaladas son estupendas.

Él le agradeció la información y estudió el menú. Había muchos platos y las ensaladas parecían muy apetitosas.

—Chocolate caliente con tostadas, supongo.

Alzó la vista, sobresaltado, y se encontró con otra sonrisa.

—¡Señorita Hammond!

—Hallock —dijo ella—. Dee Hallock. ¿Acaso me está usted siguiendo, señor Forbes?

Imposible. Había recorrido seis mil kilómetros desde que habían desayunado juntos en North Platte, y ni siquiera estaba en Arkansas —donde le había dicho que estaría—: no había manera de que ella lo supiera, ni él tampoco...

—Has hecho autostop. A Ponca City.

—Un camionero. Dieciocho ruedas. Paletas de mil quinientos kilos de tierra de North Platte, para convertir Ponca City en un lugar verde de la noche a la mañana. Son algunas de las personas más bondadosas y amables del mundo. ¿Sabías que tienen un Código de Camioneros?

—Venga ya, ¡esto es imposible! ¡No puedes estar aquí!

Ella rio.

—Muy bien, pues entonces no lo estoy. ¿Puedo cenar contigo o... desaparezco?

—Desde luego —dijo él, poniéndose de pie—. Perdóname. Toma asiento, por favor. ¿Cómo has sabido...?

—No hay explicación. Es una coincidencia. No afirmarás lo contrario, ¿verdad?

¿Qué dice uno en tales circunstancias? ¿Sigue mascullando fragmentos de oraciones como «esto no puede ser», «esto no puede estar ocurriendo», cuando en realidad está pasando con toda tranquilidad, por muy imposible que parezca?

Jamie optó por cerrar el pico. Su cerebro, sin embargo, no dejaba de dar vueltas y más vueltas: era como una jaula de pájaros vacía que alguien hubiera arrojado de un tren en marcha. No le quedaba más remedio que fingir que el mundo era el mismo, aunque fuera evidente que ya no lo era.

—Dice que las ensaladas son buenas.

Dee rio.

¿Qué estaba pensando la exploradora de coincidencias?

—Las cosas ocurren por algún motivo —dijo—. Lo sé. Las cosas ocurren por algún motivo.

Pidieron cada uno una ensalada y un plato de pasta, a él le daba igual. Jamie guardó silencio. ¿Por qué motivo ocurren las cosas?

—No he podido evitar pensar en lo que has dicho esta mañana —le confesó Jamie—. Que las sugerencias nos hipnotizan.

—Si las aceptamos —puntualizó ella.

—Cuando sólo tenemos dos días de vida no disponemos de muchas opciones. Después es demasiado tarde.

—No, siempre tenemos opciones —dijo ella, sacudiendo la cabeza—. Aceptamos porque queremos aceptar. Nunca es demasiado tarde para rechazar una sugerencia. ¿No lo comprendes, Jamie? No es ningún misterio: sugerencia, afirmación, confirmación. Eso es todo, una y otra vez. Sugerencias procedentes de todas partes que adquieren consciencia a través de nuestra propia mente.

Entonces Jamie, aún con ese asunto del hipnotismo en la cabeza, decidió comunicarle algo que él ignoraba por completo.

—¿Recuerdas que has dicho que tal vez teníamos un amigo en común? —preguntó.

Ella alzó la mirada del menú y asintió.

—Pues lo tenemos.

Ella sonrió, expectante.

—¿Ah, sí?

—Sam Black.

Ni sorpresa, ni desconcierto: su sonrisa se volvió afectuosa.

—Conoces a Sam... —dijo ella.

11

Jamie Forbes se quedó mirándola durante unos instantes, observando ese rostro detrás del que no sabía lo que se ocultaba. Ella se limitó a dedicarle esa cálida sonrisa, como si conociendo a Sam, lo supiera ya todo sobre ella.

—¿Por qué Gwendolyn se convirtió en Dee? —preguntó él. Si su hipótesis era errónea, la pregunta resultaría disparatada.

Pero no lo era.

—No me cambié de nombre cuando nos casamos. Pero después de que Sam... —volvió a ofrecerle esa sonrisa cálida—... murió, supongo que Gwendolyn se convirtió en Wendy. Más tarde nuestra nieta, la hija de Jennifee, empezó a llamarme «Abuela Dee». Todos los demás acabaron llamándome del mismo modo mientras permanecí allí.

—¿Mientras permaneciste allí?

—Aún me llama así, y Jennifee también.

Esas palabras suscitaban algunas preguntas. Todas de índole personal, justo el tipo de preguntas que incomodaban a Jamie.

—He leído cosas sobre él.

—¿En *Stage Entertainers*?

Él asintió con la cabeza.

—¡A que lo adivino! Lo encontraste por casualidad.

La historia no le resultó sorprendente, sino encantadora: encontró el libro escondido en la parte trasera del estante de la sección de aviación de una librería de segunda mano de una ciudad en la que Jamie no tenía pensado aterrizar, justo cuando había empezado a darle vueltas al tema del hipnotismo y exactamente el mismo día en que había conocido a Gwendolyn Hallock Black y en que, tras pasar toda una vida sin siquiera saber que existía, se la volvería a encontrar por segunda vez.

La camarera les sirvió las ensaladas, pero Gee apenas comió, ocupada como estaba en responder a las preguntas que Jamie le planteaba.

—¿Qué pasa contigo y con las coincidencias? —preguntó él.

—¿Todavía no lo has descubierto?

—Está relacionado con el hipnotismo.

—Eso sí lo has descubierto. ¿Recuerdas mi hipótesis, la que me has ayudado a convertir en mi teoría?

—No existe tal cosa.

Jamie se sentía como un mono sentado ante las grandes piezas de un puzle de parvulario: no había duda de que el rompecabezas era simple, pero él se sentía incapaz de resolverlo.

—Piensa en alguien que se haya encontrado con una persona importante en su vida cuando el juego ya estaba bastante avanzado. ¿Te importa que te pregunte...?

—Claro que no.

—¿Cómo conociste a tu mujer?

Él soltó una carcajada.

—¡Eso no es justo! Catherine pidió una excedencia de la NASA, condujo de Florida a California pasando por Seattle, se detuvo en el pequeño aeropuerto donde yo había aterrizado tras una granizada...

Jamie hizo una pausa. La historia era larga...

—Tienes razón —reconoció—. Era imposible que nos encontráramos, pero ocurrió.

—¿Y eso fue...?

—Hace diez años. —«Fue un matrimonio precioso», pensó. «Aún lo es.»

—Yo digo que no existen las coincidencias, y tú, que no existe el destino.

—Las coincidencias son el destino —dijo él, en tono de broma.

Ella dejó el tenedor en la mesa y cruzó los brazos.

—¿Sabes lo que acabas de decir?

—No es una coincidencia —dijo él—. Parece que quizá no estés tan fuera de la realidad como creía.

—Has de centrarte, por favor —dijo ella, sin sonreír—. Si no fuera por tu educación inadecuada, si no fuera por las sugerencias que aceptaste, si no fuera por tu consciencia condicionada por la cultura que elegiste... Podrías atravesar esa pared.

Jamie se sintió cuestionado.

—¿Y qué me dices de ti? ¿Acaso tuviste tú una educación inadecuada?

—En efecto.

—¿Y ahora?

—Está superada.

—¿Puedes atravesar la pared?

—Sin ninguna dificultad —dijo ella, con una sonrisa que expresaba absoluta seguridad.

—Hazlo, por favor.

—No.

—¿Por qué no?

—Lo averiguarás dentro de unas horas. Aún no ha llegado el momento.

—Oye, Dee, ¿intentas asustarme?

En lugar de contestarle, la hipnotizadora hizo algo extraño. Extendió el brazo con la palma de la mano hacia arriba, la pasó lentamente de izquierda a derecha por delante de la cara de Jamie y lo miró a los ojos.

—Después de este encuentro —dijo—, ya no volverás a verme nunca más. Nos hemos conocido, y no ha sido una coincidencia, porque es muy importante que sepas cuál es la relación entre la sugerencia y el destino. La respuesta cambiará todo aquello en lo que crees, y todo lo que ves.

Jamie se quedó mudo.

—¡Tengo que darle la razón! —dijo ella alegremente al cabo de un instante.

—¿A quién? —repuso él desconcertado.

—¡A la camarera! ¡Esta ensalada está riquísima!

—Es cierto. Es una ensalada realmente notable. —Jamie se olvidó de sus preguntas acerca de la coincidencia, el destino y la posibilidad de atravesar paredes.

Dee se sacó un cuaderno del bolsillo y le leyó a Jamie «El Código de los Camioneros»: lo había copiado del parasol del Kenworth de dieciocho ruedas que la había recogido en North Platte:

«"Eres el tejido que mantiene unido Estados Unidos y eres el mejor amigo de un niño."

»Es el camionero quien entrega las cosechas del granjero al tendero para que los niños no pasen hambre.

»Es el camionero quien transporta el combustible para que no tengamos frío.

»Es el camionero quien transporta la leña que el carpintero emplea para construir los hogares en los que vivimos sanos y salvos.

»Y es el sacrificio del camionero, que soporta la soledad durante las noches vacías y los kilómetros solitarios, lo que une Estados Unidos, desde el océano Atlántico hasta el Pacífico.»

—¿No te parece bonito? —dijo ella, alzando la vista del cuaderno.

Ambos hablaron de ello, sentados en ese restaurante de Ponca City, Oklahoma: ¡cuán ciertas eran esas palabras! Les debemos tanto a las personas que hacen esos trabajos difíciles y peligrosos que permiten que nuestra vida sea la que es.

La cena había llegado a su fin. Dee Hallock le deseó a Jamie un feliz vuelo y a continuación se despidió, se levantó de la silla y se marchó.

Esa noche, en su habitación del hotel, Jamie conectó su ordenador portátil a Internet y buscó el nombre de la hipnotizadora. Había varias Gwendolyn Hallock, pero sólo una breve mención de la Dee que estaba buscando. No era más que un apunte en un sitio de genealogía:

Samuel Black (1948-1988), hipnotizador de escena;

casado con Gwendolyn Hallock (1951-2006); hija Jennifer (nacida en 1970).

En Internet, las cifras suelen ser erróneas; las citas, confusas; se atribuyen frases a personas que jamás las han dicho; y los datos a menudo están equivocados. Pero de vez en cuando la red logra proporcionarte información correcta. Si ése fuera el caso, Dee Hallock, con la que Jamie Forbes acababa de compartir una estupenda ensalada, había muerto hacía dos años.

12

Esa noche no durmió mucho.

«Por eso Dee podía atravesar la pared —pensó echando las sábanas a un lado—: Ya no acepta sugerencias de que es mortal. "Si no fuera por una educación inadecuada, podrías atravesar esa pared."

»¿Acaso la muerte se limita a eso? ¿No es más que un cambio drástico en nuestras creencias acerca de nosotros mismos? ¿Y por qué tenemos que morir para que ese cambio se produzca? Porque nos hemos programado para creer que es necesario. Nos hemos casado con las profundas sugerencias del espacio-tiempo, hasta que la muerte nos separe.»

Empezó a establecer conexiones a toda velocidad:

«¿Por qué no podemos despertar sin morir? ¿Acaso se nos sugiere algo en ese sentido? Nadie chasquea los dedos y nos asegura que podemos abandonar el espacio-tiempo cuando nos plazca, ir a casa cuando nos dé la gana, volver cuando nos apetezca, tomarnos unas pequeñas vacaciones para adquirir perspectiva. Nadie chasquea los dedos y nos dice que no hay motivo para que abandonemos este mundo soltando alaridos, que no hay razón para que sigamos creyendo en los accidentes, las enfermedades y la edad.

»Nadie nos dice que morir no es una ley, sino una costumbre.»

Jamie se incorporó de golpe. Eran las dos de la madrugada.

«Eso fue lo que descubrió Sam Black. Ésa es la dimensión que describió en su diario: una dimensión de sugerencias diferentes.»

Era como un torrente psíquico, una catarata reveladora; las piezas del puzle encajaban solas, mientras el mono las observaba.

«Así fue como Sam Black abandonó su cuerpo en perfecto estado de salud. El hipnotizador usó su destreza para deshipnotizarse a sí mismo de la Consciencia Condicionada, de los billones de sugerencias que había aceptado, que todos los mortales han aceptado: que estamos atrapados dentro de nuestros cuerpos, atrapados por la gravedad, atrapados por los átomos, atrapados en las culturas, atrapados en el seno de mentes terrenales mientras jugamos el juego.»

Comprendió que todo ese deporte llamado espacio-y-tiempo ¡era producto de la hipnosis! Las sugerencias no adquieren la categoría de verdad hasta que damos nuestro consentimiento, hasta que las aceptamos. Las sugerencias que nos sujetan son ofertas, propuestas, hasta que las aceptamos y nos encadenamos a ellas.

Todos nosotros, los jugadores, estamos sentados en primera fila, dispuestos a presentarnos voluntarios para subir al escenario.

¿Qué hay delante del público? ¿Qué hay en el escenario?

¡Nada!

Lo único que hay delante del público son las sugerencias en acción convertidas en creencias y hechas visibles; para los creyentes, las ideas se convierten en piedra.

Cuando el que estaba encerrado en esa cárcel de piedra era él, lo que veía, aquello que aporreaba, era tan real como este mundo: granito, unido por cemento y argamasa. Lo veía, lo tocaba, lo percibía. Lo golpeaba con fuerza e incluso se lastimaba la mano a cada golpe.

El Gran Blacksmyth, en cambio, había atravesado aquella pared como si fuera de aire.

El sujeto creía que era de piedra, sabía que era de piedra, impenetrable. El hipnotizador sabía que era de aire, que allí no había nada que atravesar, excepto la convicción —privada e invisible— de alguien que cree estar en una cárcel.

Allí, en Oklahoma, envuelto en la oscuridad de la noche, Jamie encendió la lámpara de la mesilla de noche. La intensidad de la luz lo obligó a entornar los ojos. Cogió un lápiz y anotó algunas palabras en un bloc.

«En este momento, tengo las mismas creencias que cuando estaba en aquella cárcel —pensó—. Creo que estoy encerrado en un cuerpo de carne y hueso, en una habitación de hotel con paredes de piedra y una puerta con llave electrónica. ¡Nunca me he cuestionado mis propias creencias! Me convencí a mí mismo hace mucho tiempo y nunca he vuelto a planteármelas: necesito aire para respirar, un techo, comida, agua, ver con los ojos para saber, oír con los oídos, tocar con los dedos. Lo veré cuando crea en ello. Si no hay creencia, no hay presencia.

»Un momento: no se trata de una creencia del tipo cambiaré-de-opinión-y-punto, sino más bien de una creencia profunda que nos dice que cada segundo de nuestra vida debemos estar convencidos de que este juego es la única verdad que existe.»

«No necesitamos creer en los límites para vivir —escribió—: ¡lo necesitamos para jugar el juego!»

«No puedo jugar al hockey sin hielo ni palo, no puedo jugar al ajedrez sin el tablero y las piezas, no puedo jugar al fútbol sin el campo, la pelota y la portería, no puedo vivir en la tierra sin creer que somos infinitamente más limitados de lo que somos.»

El lápiz se detuvo.

«¡Tiene toda la razón! Es hipnotismo: cien trillones de sugerencias aceptadas, cuando quizás hubiera bastado con ocho.

»¿Y qué?»

Allí afuera, en la noche, se oyó una sirena. Alguien acaba de hacer una jugada fatídica.

«¿Y qué? —pensó—. No es necesario que me ponga solemne. No hace falta que esto me dé miedo y me da lo mismo si la gente no cree que sea verdad.

»¿Miedo de qué?

»De la pobreza, la soledad, la enfermedad, la guerra, los accidentes, la muerte. Todas estas creencias son terroristas y todas pierden su poder en cuanto optamos por no tener miedo.»

Apagar la luz, apoyar la cabeza en la almohada y dar otra vuelta al circuito.

«Si no fuera por la condena que cumplí en la prisión de Blacksmyth —pensó—, todo esto me parecería una locura: un mundo hecho de sugerencias aceptadas, un mundo en el que nada es real, pero en el que cuando creemos que algo lo es, lo convertimos en real.

»¡Eh...! No vayas a pensar que la creencia es una nimiedad. La creencia posee un tremendo poder, es el fundamento del juego: no deja de sujetarnos hasta que morimos.

»Morimos debido a nuestras creencias: a cada instante alguien muere víctima de la ilusión terminal.

»La única diferencia entre la realidad de la prisión de Blacksmyth y la de las paredes que ahora me rodean es que la prisión se hubiera disuelto durante la noche si yo no la hubiera reforzado mediante mi creencia. La habitación tardará más tiempo en disolverse. La prisión requería de mi consentimiento personal para existir; esta habitación, en cambio, se construyó gracias al consentimiento de todas las personas que ocupan el espacio-tiempo: las paredes contienen las cosas.»

Apagó la luz.

«Allí fuera no hay un mundo —pensó—: todo está aquí dentro. Las sugerencias se convierten en creencias y después en percepciones; y acaban por convertirse en todas las así llamadas cosas sólidas de nuestro patio de juegos.»

Y entonces Jamie Forbes se durmió.

Despertó al cabo de cinco minutos, atacado por la sensatez. «¿Te has vuelto loco? ¿A qué viene eso de pensar que en realidad el mundo no existe, que allí fuera sólo existe tu imaginación? ¿Acaso eres tan sensible a las sugerencias que en cuanto aparece alguien diciéndote que nada es real, tú te lo tragas como si tal cosa?»

Volvió a dormirse, satisfecho por haber conservado su sano juicio.

Se despertó al cabo de diez segundos: «¿Y qué pasa con la mecánica cuántica y la teoría de las cuerdas? Si crees que la Sugerencia es un disparate, ¿qué pasa con la Ciencia?»

«En el espacio-tiempo no sólo hay cuatro dimensiones, ¿saben?: en realidad hay once. Naturalmente, siete están envueltas en diminutas bolas, así que no las vemos. Pero están ahí, ¡de verdad!»

«En el espacio vacío hay agujeros ahí donde la gravedad es tan fuerte que ni siquiera deja escapar la luz.

»Hay un número indefinido de universos alternativos que existen unos junto a otros: universos en los que existe cualquier posible consecuencia de cualquier posible diferencia que cualquiera pudiera causar en éste... Universos donde la Segunda Guerra Mundial no se ha producido, universos donde tuvo lugar una Tercera Guerra Mundial, y una cuarta y una quinta, universos habitados por personas idénticas a nosotros, excepto que en cerca de un billón de ellos te llamas Mark en lugar de Jamie, y en vez de tener los ojos azules, los tienes pardos.»

Volvió a dormirse. ¿Cómo funciona?

Al cabo de cinco minutos, estaba furioso consigo mismo.

«Esto no es cálculo diferencial —pensó—: esto es de lo más sencillo. ¿Cómo vemos lo que vemos? ¿Cómo ve un pintor el cuadro que está pintando? Pues así:

»Pintor mira el lienzo.

»Moja el pincel en la pintura.

»Pasa el pincel mojado por el lienzo.

»Pintor mira el lienzo.

»Moja el pincel en la pintura.

»Pasa el pincel mojado por el lienzo.

»Pintor mira el lienzo.

»Una pincelada cada vez. Todos los días de nuestra vida.

»Así es como funciona.

»Aquí está tu tarro de pintura, Jamie, repleto de sugerencias. Y aquí está tu pincel: mójalo en el tarro y acepta lo que consideres verdad. Aquí está tu lienzo: lo llamamos toda una vida.

»Ahora intenta pintar un cuadro, ¿vale?

»Necesitas una explicación sobre cómo funciona eso —pensó—. Has de regresar a un tiempo anterior a la escuela.

»Estoy hipnotizado. Sé qué se siente gracias a mi experiencia personal, nadie debe explicármelo. Aceptas sugerencias y se vuelven reales con cada pincelada. Han pasado treinta años, y aún lo recuerdo. Era imposible que me abriera paso a través de la pared de Blacksmyth, en el escenario, y la pared no existía. Yo sólo creí que existía.»

En Semana Santa las palmas de las manos de algunos cristianos fanáticos aparecían manchadas de sangre debido a las heridas milagrosas que les habían causado los clavos, las mismas que mostraba Jesús en las pinturas antiguas. En la siguiente Convención de Fanáticos, ¿habría que decirles que eso no es sangre, sino creencia? Recientemente se ha descubierto que en aquellos felices días del pasado, para crucificar a alguien, no se le clavaban los clavos en las manos, sino en las muñecas. Así que ¿por qué les sangran a esos fanáticos las palmas de las manos?

Respuesta: «Porque creíamos que les clavaban los clavos en las manos.»

«¿Acaso le dirás a alguien que tiene una enfermedad mortal que no es una enfermedad, sino una creencia?

»La víctima dirá, pensativa: "Sí, es mi creencia. Yo lo creo y creo que tengo muy buenas razones para creerlo, muchas gracias. Y, si no le importa, pienso morir a causa de mi creencia. ¿O acaso insiste en que muera a causa de otra creencia que le guste a usted más, o en un momento que encaje con su programa en lugar de con el mío?"

»Libros con fotografías como prueba: sujetos hipnotizados, convencidos de que unas cuerdas les sujetan las piernas. Un minuto después, un día después, la marca de la cuerda aparece en su piel. Los tocas con un cubito de hielo y les dices que es un hierro candente y les sale una ampolla. No hay cuerdas, no hay hierros... Sólo los asombrosos poderes de la mente.

»No son milagros, es hipnosis. Y ni siquiera es hipnosis, esa mistificación griega, sino sencillas sugerencias cotidianas, como "¿quieres un donut?", a las que respondes con un sí o un no varios billones de veces, y a las que la mayoría responde "sí". ¡Sería asombroso que no viésemos lo que nos han dicho que es así!

»Dicen que este universo cuántico-eléctrico está formado por minúsculas cuerdas. ¿Acaso no es posible que esas cuerdas no sean producto del azar, sino de un pensamiento, no es posible que los átomos se hayan dispuesto por sugestión? ¿No podría ser que nosotros no nos lo cuestionáramos, sino que simplemente aceptáramos la explicación y aumentáramos el júbilo y el terror que suponen las creencias de nuestra cultura, sólo porque aprendemos mejor cuando estamos emocionalmente comprometidos con la lección que elegimos aprender, y creer es el modo de hacerlo?

»No es imposible en absoluto. No vivimos muchas vidas, pero somos libres de creer que sí, vidas atrozmente detalladas. Una creencia en la reencarnación es precisamente eso: una creencia que experimentamos mientras nos resulta interesante, útil, atractiva. Desconéctate y los juegos habrán acabado.

»Así que si las sugerencias han construido lo que nos rodea, ¿qué es una sugerencia en realidad?»

Trató de comprenderlo, allí, en la oscuridad, y se durmió rodando cuesta abajo por una escalera de ideas.

13

El despertador del hotel sonó. Al abrir los ojos, Jamie Forbes se dio cuenta de que no recordaba lo que había soñado. Hizo la maleta, y al echar el último vistazo a la habitación para comprobar que no se dejaba nada, encontró una nota encima de la mesilla: era su propia letra, casi ilegible:

Sggrxsencia = ¡cqal contxct hxcE qe canVemos nustxrz prcxzeIones!

En efecto, eso es lo que es una sugerencia: cualquier cosa que modifica nuestra manera de pensar y, por lo tanto, lo que nos llama la atención. Una sugerencia es el titilar de un futuro que podemos convertir en realidad.

Para cuando llegó al avión, sabía que algunos contactos modificaban sus percepciones:

fotos, cuadros, películas, escuelas, televisión, libros, vallas publicitarias, radio, Internet, manuales de instrucciones, encuentros, llamadas telefónicas, artículos, preguntas, historias, grafitis, cuentos de hadas, discusiones, artículos científicos, revistas de aviación, menús, contratos, tarjetas de visita, conferencias, revistas, canciones, lemas, poemas, menús, advertencias, juegos, conferencias, relaciones, fiestas, periódicos, pensamientos al azar, consejos, carteles callejeros, conversaciones con uno mismo, con otros, con animales, fiestas, ceremonias de graduación, miradas, clases escolares, emociones, encuentros casuales, coincidencias...

Y vertió ese mar en los océanos que había descubierto antes.

«Todos los acontecimientos suponen un contacto —pensó mientras caminaba alrededor del T-34 para comprobar que todo estuviera en orden para despegar—. Todos son un fulgor; el mediodía brilla en interminables aguas agitadas y cada mínimo destello es una posibilidad.»

Se arrodilló para examinar el tren de aterrizaje de la izquierda, los frenos, el neumático. «Está un poco gastado», pensó, y se dio cuenta de que eso era una sugerencia.

«Cada sugerencia se intensifica a sí misma.

»¿El neumático está demasiado gastado?

»En ese caso: "está demasiado gastado".

»Siguiente sugerencia: "no vueles. Cambia el neumático".

»Para cambiar el neumático he de encontrar un mecánico que lo cambie; si no hay existencias, he de encontrar el neumático adecuado, quedarme una noche más como mínimo para cambiarlo, y hablar con un número desconocido de personas con las que no me hubiera encontrado de no haber sido por el neumático. Cualquiera de ellas puede modificarme la vida con una palabra, como la autostopista con que me encontré en North Platte. Mi vida ya habrá cambiando, si me quedo aquí un día más para conseguir el neumático, o tres días o veinte minutos... Los nuevos acontecimientos generan nuevos acontecimientos y cada uno es el resultado de una sugerencia aceptada.

»O...

»En caso contrario: "el neumático está en buenas condiciones".

»Cada sugerencia se intensifica a sí misma.

»Siguiente sugerencia: "sigue el vuelo, como lo habías planeado".

»(Trillones de otras sugerencias en el apartado "Haz algo diferente": ignoradas. No hay intensificación, no tiene ningún efecto.)

»Pero si el neumático revienta durante el próximo aterrizaje, podría suponer un gran problema.

»Sugerencia: "vuelve a considerar la sugerencia original".

»En ese caso: "el tiempo transcurre, el clima cambia, el sol se eleva en el horizonte, la coincidencia afecta el cambio".

»En caso contrario: "prosigue con lo que estás haciendo".

»Siguiente sugerencia: "completa la inspección antes de despegar".

»De momento, haz caso omiso de la sugerencia.

»En lugar de eso, acepta la sugerencia de reflexionar acerca de este asunto que-parece-demencial-pero-quizá-no-lo-sea:

»Todas las sugerencias proporcionadas por cada segundo, todas las decisiones que tomamos o dejamos de tomar se apoyan en el punto preciso de la decisión anterior, y ésta se apoya en la anterior a ella; cada una es elegida por la sugerencia que yo-y-nadie-más decide que es la verdadera. Nadie toma decisiones por mí: cuando acepto un consejo, soy yo quien decide actuar en consecuencia. Podría haber dicho "no" de miles de maneras.

»Opta por llamar "hipnosis" a las sugerencias y de repente tendrás la etiqueta que habías estado buscando, tendrás la pauta: las piezas del puzle encajan. Cada día, los habitantes del mundo se sumen más profundamente en su propio trance: todos disponen de una historia propia acerca de sí mismos en la que creen.

»Hoy la mía es "un individuo que viaja": Jamie Forbes volando a través de una nube de decisiones que conducen a diferentes cambios que conducen a una vida diferente que la que hubiera vivido si el neumático del tren de aterrizaje izquierdo hubiera sufrido un desgaste mayor a los dos milímetros de desgaste actuales.

»Cada incidente está junto al que acaba de ocurrir o está por ocurrir, todos son co-incidentes.

»A vuelo de pájaro, nuestra vida es un amplio campo de co-incidentes, flores que brotan de las decisiones que tomamos basándonos en las sugerencias que hemos aceptado basándonos en nuestra creencia de que las apariencias que nos rodean son verdaderas, o no lo son.

»Tal vez el neumático de la izquierda reviente durante el próximo aterrizaje; tal vez aguante otros cincuenta aterrizajes suaves... No necesito un neumático nuevo en absoluto.»

Eso fue lo que decidió Jamie Forbes esa mañana, arrodillado junto al tren de aterrizaje: «El neumático está en perfectas condiciones. Aterrizaré con suavidad. Adiós a las vidas diferentes que acabo de rechazar.

»¿Qué me ha hecho esa mujer?

»Nunca había diferenciado entre un avión y otro antes de aprender a pilotar. Ahora sí. Nunca había prestado atención a la escritura antes de estudiar grafología. Ahora sí. Nunca había visto nubarrones de sugerencias antes de que Dee Hallock dijera que justo de ahí proviene este mundo. ¡Ahora sí los veo!

»Incluso eso que llaman la Ley de la Atracción —pensó—: "Todo lo que alberga nuestro pensamiento se convierte en realidad en nuestra experiencia." Eso es una sugerencia. Cada vez que lo hago y funciona supone una sugerencia. Cada vez que lo hago y no funciona supone otra. Cuando hago caso omiso de ello, no pasa nada... Mi vida no cambia segundo a segundo hasta el instante en el que hago algo porque considero que es una buena idea.»

Una vez acabada la inspección, Jamie guardó la maleta en el avión, abrió la cubierta transparente y se deslizó dentro de la carlinga.

«Al igual que todos los demás habitantes del planeta —pensó—, el mundo que veo a mi alrededor es mi propia visión, materializada a partir de las múltiples sugerencias que he aceptado. En cuanto digo "adelante", avanza, lenta como una tortuga o rápida como el rayo.

»Así que todo mi mundo consiste en propuestas aceptadas y éstas se convierten en creencias, que a su vez se convierten en suposiciones y finalmente en mi propia verdad, personal, privada y suprema.

»Mis verdades positivas: "Yo puedo..." franquean el paso a nuevas sugerencias, maneras de hacer.

»Mis verdades negativas: "No puedo..." cierran el paso, se convierten en mi límite.

»Soy un ciudadano de un planeta psicosomático», pensó.

«¿Y qué?»

Jamie le dio entonces al interruptor de arranque y, cuando el motor se puso en marcha, aceptó su propia sugerencia: «Posterguemos la reorganización del universo y volemos durante un rato.»

14

Volaba hacia el sureste a baja altura, por encima de desiertos, ríos, bosques, páramos, antiguos campos cultivados que ahora se habían convertido en prados.

«Es como volar en sueños, excepto que en los sueños no te estás preguntando dónde aterrizarás cuando el motor se detenga.

»Así que soy un ciudadano hipnotizado de un planeta psicosomático y todos los demás, también. Así que, ¿qué importa?»

Ése fue el momento en que, por primera vez, el piloto oyó una voz diferente en su cabeza. No la cháchara que siempre lo acompañaba, ni su copiloto mental diciéndole: «Pilotaré-el-avión-por-ti», ni tampoco la voz de la razón asegurándole: «Lo-resolveremos-juntos.» Parecía algo completamente diferente: una voz interior, un yo más elevado que los otros.

«¿*Que qué importa? Yo te lo diré* —dijo la voz—. *Eres tú quien se ha hipnotizado a sí mismo y por eso vives como vives. Lo que importa es que puedes deshipnotizarte. Tó-*

mate todo el tiempo necesario, por favor, y reflexiona sobre lo que eso pudiera significar.»

Jamie tocó el timón; el morro del refulgente aparato de color azul se elevó para esquivar un solitario cable de teléfono y volvió a descender por encima de los campos de heno. Le pareció que volaba a mayor velocidad, a 160 nudos, y a sólo doce metros por encima del suelo, que cuando pilotaba el Mach 2, hacía ya años, a doce mil ochocientos metros de altitud. Lo aceptó, era verdad.

«¿Por qué desde que conocí a Dee Hallock veo sugerencias por todas partes?

»¿Y qué debería hacer para deshipnotizarme a mí mismo? ¿Darle marcha atrás a toda mi vida? Si mi mundo es lo que parece después de haber aceptado unos dos o tres billones de sugerencias, ¿qué se supone que debo hacer ahora para cambiarlo?

»"Lo lograrías si murieras. La muerte saca a las personas de un trance con mucha rapidez, y después las sume en otro. Pero si tú..."

»... ¡CABLES! —gritó el copiloto mental—. ¡CUIDADO CON LOS CABLES!»

El grito era innecesario: Jamie ya los había visto. Disponía del tiempo necesario para pasar por encima de los cables de alta tensión... El avión los sobrevoló y volvió a descender hacia los campos desiertos.

«Mucho mejor, gracias —dijo el copiloto—. Si vas a pensar en la muerte, ándate con cuidado. Ahí no sólo hay cables de alta tensión, sino también torres que emiten microondas. Son auténticas trampas para los aviones. Recuerda que no son las torres las que acabarán contigo...

»... Sino los cables que las sujetan. Lo sé.

»Deja de pensar en la muerte, por favor, y ten cuidado con los cables. Si quieres volar a baja altura, presta atención al paisaje... Échame una mano.»

Jamie Forbes solucionó el problema tirando del timón hacia atrás. De inmediato, el avión pasó por encima de las garras de la mayoría de las torres, girando lentamente hacia la izquierda y siguiendo el curso de un río que fluía hacia el sureste. La mente encargada de volar se relajó.

«Nunca volábamos así en las Fuerzas Aéreas. Cuando despegábamos de alguna pista, sabíamos adónde aterrizaríamos, estuviera a la distancia que estuviera. En un plan de vuelo militar no hay ni un solo recuadro donde se pueda marcar: "Lo decidiré de camino."

»Ya no. En los vuelos civiles arrancas y despegas cuando el tiempo acompaña. Piensas dónde aterrizarás media hora antes de llegar allí. Avanzas aproximadamente en esa dirección; en el país escasean los lugares situados a más de veinte minutos de distancia de un pequeño aeropuerto.»

A la mente nueva y más elevada no le interesaba la conversación.

«¿Quieres saber cómo deshipnotizarte?»

«No», pensó Jamie.

15

Jamie Forbes aterrizó en Pine Bluff, Arkansas, para repostar; la pista flotaba encima de una gran extensión verde esmeralda de césped recién cortado. Allí la gente era simpática, amistosa con los extraños, como solía ocurrir en los pequeños aeropuertos.

—¿Adónde se dirige?

—A Florida.

—Un vuelo largo.

—Sí. Partí de Seattle.

Una carcajada.

—¡Un vuelo muy largo!

Cruzaron algunas palabras sobre el tiempo, le contaron una rápida historia acerca de los pilotos de Pine Bluff cuando pidió combustible para el avión, y, después de volver a poner el motor en marcha, se elevó de nuevo hacia el cielo.

Volaba a mil seiscientos metros de altitud y todo el instrumental estaba correcto.

«¿Quieres saber cómo deshipnotizarte a ti mismo?»

«No quiero volver a hablar contigo jamás», pensó. Pero no iba en serio y decidió que a partir de entonces tendría cuidado con las sugerencias, aunque fueran en broma. Eran un asunto peligroso.

«Vale. Tras haber dado mi consentimiento de seguir siendo un mortal durante unos años, ¿qué tengo que hacer para deshipnotizarme sin des-mortalizarme al mismo tiempo?»

«No puedes.»

«No comprendo.»

«Claro que lo comprendes. Debes hacer exactamente lo que acabas de decir, Jamie. ¡Des-mortalizarte!»

Jamie soltó una carcajada. Esa extraña conversación era distinta de todas las que había mantenido consigo mismo, y le divertía. La presión del aceite: correcta; la temperatura del aceite: normal.

«¿Qué debo hacer para des-mortalizarme sin morir? ¿Cuál es tu plan?»

«Simula que nada de lo ocurrido durante este vuelo ha sido una coincidencia. Simula que ha sido una lección que aguardaba el momento idóneo para hacerse presente en tu vida, y que ese momento es ahora.

»A juzgar por lo que has oído durante las últimas veinticuatro horas, ¿cómo crees que te convertiste en un mortal?»

«Me hipnotizaron —pensó—, acepté cincuenta trillones de sugerencias que me decían que no soy simplemente un espíritu, sino un mortal.»

«¿Qué hizo Sam Black para que dejaras de creer que estabas encerrado?

»Chasqueó los dedos.

»*Y así consiguió que recordaras quién eres, que habías comprado una entrada para un espectáculo y que te habías ofrecido voluntario para subir al escenario.*»

«¿Así que me deshipnotizó recordándome a mí mismo...?»

«*...Qué sugerencias tenías aceptadas antes del inicio del espectáculo. Afirmaciones. Contra-hipnosis. Declaraciones constantes e ininterrumpidas. Te deshipnotizas desprendiéndote de sugerencias negativas y afirmando contra-sugerencias positivas.*»

«¿Afirmando que no soy un mortal?»

«*El hecho es que no lo eres. ¿Quieres saber qué se siente? Rechaza las sugerencias de que no eres sólo un espíritu, afirma que lo que eres es un espíritu, que siempre lo has sido y siempre lo serás, aunque seas un espíritu que opta por jugar a los juegos de la mortalidad.*

»*Todos los jugadores poseen una vida más allá del juego. Incluso tú.*»

Interesante. Jamie se sacó un lápiz del bolsillo de la manga, y apuntó la idea en el mapa, cerca de la ciudad de Grove Hill, Louisiana: «Soy un espíritu. Rechaza todo lo demás.»

«¿Por ejemplo?»

«*Yo no doy ejemplos.*»

«Por ejemplo... "No soy una mente limitada, atrapada en un cuerpo limitado sujeto a sufrir enfermedades y accidentes."»

«*Un rechazo excelente. Ahora la afirmación, por favor.*»

Él reflexionó al respecto.

«Ya soy un espíritu, aquí y ahora. Perfecto. Inmortal.»

«*No está mal. Pasar de la definición de ti mismo como de atrapado a libre. Y debes hacerlo una y otra vez, no abandonar nunca, rechazar las sugerencias de que eres mortal en cuanto aparezcan. Cada vez que tomes consciencia de una insinuación que te dice lo contrario.*»

«¿Por qué?»

«*Si quieres saber por qué, observa lo que ocurre cuando lo haces.*»

«¿Cómo sabré que es verdad?»

«*Mientras estás hipnotizado, no puedes saberlo. No puedes demostrar que eres espíritu. Como no quieren parecer tontos, la mayoría acepta la sugerencia de que son un cuerpo más matando el tiempo hasta que el tiempo los mate a ellos.*»

«Pero no lo hacen.»

«*No hay prisa. Demostrarás que eres espíritu cuando mueras.*»

«¿Quieres que sea un tonto?»

«*Yo no creo en los cuerpos, Jamie, pero tú sí, así que tendrás que decírmelo. ¿Qué tiene de malo identificarse con el espíritu indestructible en vez de con las creencias en el espacio-tiempo que van desapareciendo?*»

«Este yo más elevado es una consciencia muy extraña. Si no soy mortal, ¿por qué me has dicho que tuviera cuidado con los cables?»

«*No te lo he dicho. Ha sido tu bien entrenado copiloto. Preocupándose por tu creencia-en-tu-yo-mortal justo cuando estabas a punto de descubrir algunas ideas que servirían para cambiarte la vida, para deshipnotizarte. Así que mientras sigas creyendo que podrías morir de pronto, te seguirá advirtiendo cuando... ¡CUIDADO! ¡LA TORRE!*»

Jamie despegó la vista del instrumental y se dispuso a virar hacia la derecha-izquierda-arriba-abajo... ¿dónde están los cables?

«*Sólo bromeaba*», dijo su yo más elevado.

16

Antiguos prados daban paso a verdes colinas y granjas: el panorama era amable ahí abajo. La temperatura de los gases del escape y de la culata, normal.

«*La LDA. Sabes cómo funciona.*»

«Ni idea», pensó Jamie disfrutando de ese nuevo aspecto de sí mismo. LDA: ¿Leve Dato Aeronáutico? ¿Lavado de Automóviles? ¿Lista de Acrónimos?

«*Ley de Atracción.*»

«Claro. Ley de Atracción: lo que albergamos en la mente se vuelve realidad en nuestra experiencia.»

«*LOA. ALS.*»

«¿Qué significa ALS?»

«*Ahora Lo Sabes.*»

«¿Ahora sé qué?»

«*¿Acaso no estás empezando a comprender, Jamie? ¿Acaso crees que ella apareció en tu vida porque sí?*»

Jamie sabía que Dee había aparecido en su vida por algún motivo, pero esa tarde no podía preocuparse del misterio de Dee Hallock: tenía otras cosas en la cabeza.

«Estoy pilotando un avión, yo más elevado. ¿Por qué no te ocupas tú de decirme lo que entiendo o no entiendo?»

«*Que yo sepa, y la verdad es que sé bastante, pilotar este avión sólo ocupa un dos por ciento de tu consciencia. No lo pilotas, vuela solo. Te limitas a dirigir el avión y, una vez que apunta en la dirección correcta...*»

«¡Vale, vale! —gritó en silencio—. ¡Te diré lo que sé!»

Jamie no tenía idea de lo que sabía, pero, en cuanto empezó a hablar, supo que lo descubriría. Había funcionado tantas veces de ese modo que volvió a confiar en el curioso proceso: lo puso en marcha y fue convirtiendo los pensamientos en palabras.

—¿Qué tiene que ver la idea de que el mundo consiste en sugerencias que he aceptado con la Ley de Atracción? —dijo en voz alta.

Y, justo cuando decía «... tiene que ver con...», lo comprendió, vio ante sus ojos la estructura verdadera para él.

«¿Por qué no lo comprendí hace cien años?

»Ley de Atracción: Todo aquello que visualizamos sistemáticamente, todo lo que albergamos en nuestro pensamiento, tarde o temprano cobrará realidad en nuestra experiencia.

—más—

»El hipnotismo es visualización, es albergar en la mente: es la Ley de Atracción con sobrealimentador. Cuando estamos hipnotizados, vemos, oímos, olemos, saboreamos y tocamos las sugerencias que dejamos penetrar en nuestro cerebro, no tarde o temprano, sino en ese preciso instante.»

Por suerte para Jamie Forbes, ni un avión ni la LDA

reaccionan frente a una idea de un modo instantáneo. De haber sido así, el T-34 hubiera desaparecido en pleno aire arrasado por un repentino estallido de comprensión.

«La LDA no es magia, no es un misterio cósmico secreto. La Ley de Atracción son sugerencias que hemos albergado en la mente y aceptado. LDA es el acrónimo de "Todas Las Sugerencias Que Acepto Me Ponen En Trance".

»La Ley de Atracción, todo ese asunto, es lo mismo que... ¡es la definición de hipnosis!

»Más exactamente —pensó, porque a veces su mente funcionaba con exactitud—, la Ley de Atracción es autosugestión: es un proceso de autohipnosis en el que se construyen cosas que, con el tiempo, otros también pueden ver.

»Eso sólo resulta sorprendente para aquellos convencidos de que el mundo está hecho de madera, piedra y acero. Sólo resulta asombroso si nunca hemos cuestionado el hecho de que nuestro mundo no sea lo que parece.

»De lo contrario, la Ley de Atracción no dice más que "claro, por supuesto, todos nosotros estamos sumidos en un trance y vemos visiones de lo que hayamos acordado ver".»

Se preparó para descender en Magee, Misisipí, disfrutando del reto que suponía aterrizar en dirección al norte mientras soplaba un fuerte viento del oeste.

Lo resolvió deslizándose a un lado durante la aproximación final: el avión giró a la izquierda hasta casi tocar tierra y, cuando el neumático de la izquierda rozó la pista, esa inclinación antinatural mantuvo el avión derecho a pesar del viento que soplaba de costado. Y entonces el neumático de la derecha, y a continuación el del morro, tomaron por fin contacto con la pista.

Jamie llenó el depósito de combustible y llamó a un taxi para que lo llevara hasta el hotel. Seguía sumido en un torbellino de comprensión, un trance tormentoso.

Se registró, cogió la llave de la habitación y pasó junto a una estantería llena de libros.

«*Compra ese libro*», le sugirió alguien.

«Ya tengo un libro», repuso la sombra de su antiguo yo, exigiendo motivos para hacer la más mínima elección.

«*Da igual, cómpralo, ese de color azul.*» Lo compró mientras se preguntaba alegremente por qué lo hacía.

Una vez en su habitación, golpeó suavemente con los nudillos en la pared mientras se decía: «¡Es tan... sencillo!»

«¡Así que es así como funciona el mundo!»

Podía hacer magia.

—¡Hola, Gwendolyn Hallock! —dijo en voz alta. Percibió su sonrisa y oyó su voz en la cabeza:

«*Me limito a cumplir con lo prometido.*»

«¡Hola, Gran Blacksmyth!»

«*¿Nos habíamos visto antes en alguna ocasión?*»

«Sí —repuso Jamie con suavidad—. Sí, Sam Black, ¡nos habíamos visto antes!»

«*Abre el libro por cualquier página.*»

Jamie cogió el libro que había dejado encima de la cama y lo abrió al azar, ansioso y confiado. Las palabras con las que se encontró pertenecían al campo de la ciencia, eran densas como el pan negro:

«Somos puntos centrales de consciencia, inmensa-

mente creativos. Cuando penetramos en la arena holográ-
mática autoconstruida que denominamos espacio-tiempo, de inmediato empezamos a generar partículas de creatividad, *imajones*, en un diluvio pirotécnico continuo y
violento. Los *imajones* no tienen carga propia, pero se ven
fuertemente polarizados a través de nuestras actitudes, el
poder de nuestra elección y nuestro deseo, y pueden llegar a convertirse en *conceptones*, una familia de partículas con mucha carga de energía que pueden ser positivas,
negativas o neutrales.»

«Actitud, elección, deseo —pensó Jamie Forbes—.
¡Claro! Aceptaré un tipo de sugerencias u otro depen-
diendo de si soy consciente de ello o no. Las sugerencias
afectan esas pequeñas cuerdas, esas partículas de pensamientos que este individuo llama... ¿cómo?» Volvió a leer
la palabra: *imajones*.

Algunos conceptones positivos comunes son *exhila-
rones, excytones, rapsodones, jubilones.* Los conceptones
negativos comunes incluyen los *lugubrones,* los *tormen-
tones,* los *tribulones* y los *miserones.*

«Lo que siento ahora mismo —pensó— deben de ser
esos excytones.»

«Los conceptones se crean en una erupción intermi-
nable, una atronadora catarata de creatividad que emana
de cada centro de consciencia personal. Se convierten en
nubes de conceptones, que pueden ser neutrales o muy
cargados, flotantes, ingrávidos o plúmbeos, según la naturaleza de sus partículas dominantes.»

Cada nanosegundo, un número infinito de nubes de
conceptones alcanza una masa crítica y después se trans-
forman en estallidos cuánticos y en ondas de probabilidad

de elevada energía que se extienden en forma radial a velocidades tachiónicas a través de un depósito eterno de acontecimientos alternos supersaturados.

Durante un segundo, la página desapareció y él vio mentalmente los fuegos artificiales, películas proyectadas por microscopios en órbita.

«Según su carga y su naturaleza, las ondas de probabilidad cristalizan algunos de esos acontecimientos potenciales para que concuerden con la polaridad mental de la consciencia que los crea y adquieren un aspecto holográfico.»

«Fue así como aprendí a pilotar aviones. Polaridad mental. Visualizando. Mi propia autosugestión hizo que las partículas de ideas se convirtieran en... ¿cómo las llama el autor? En "ondas de probabilidad". ¡Este tipo no lo sabe, pero describe cómo funciona la hipnosis cotidiana, la sugerencia, la Ley de Atracción!»

«Los acontecimientos materializados se convierten en lo experimentado por ese cerebro, cargado con todos los aspectos de una estructura física necesarios para volverlos reales y útiles para la consciencia que los crea. Este proceso automático es la fuente de la que brotan todos los objetos y acontecimientos del teatro del espacio-tiempo.»

«¿Todos los objetos? Claro, a partir de nuestro consentimiento y nuestra visualización. ¿Todos los acontecimientos? ¿Qué son los acontecimientos?: son objetos próximos entre sí que actúan juntos.»

«La hipótesis acerca de los imajones resulta convincente gracias a su capacidad de ser confirmada personalmente. La hipótesis pronostica que a medida que centramos nuestra intención consciente en lo positivo y en lo que refuerza la vida, y que amarramos nuestras ideas a dichos valores, polarizamos grandes cantidades de conceptones positivos, generamos ondas de probabilidad beneficiosas y nos proporcionamos acontecimientos alternos útiles que de otro modo no parecerían existir.»

«Eso no es ninguna hipótesis —pensó—, eso funciona. Seguro. Leyes reales que puedes comprobar por ti mismo.»

«En el caso de la producción de acontecimientos negativos, al igual que en el terreno mediocre intermedio, se produce exactamente lo contrario. Por defecto o intencionadamente, de manera inconsciente o adrede, no sólo elegimos sino que creamos las condiciones externas visibles que mejor sintonizan con nuestro estado de ánimo interno.»

«Eso es. Ése es el "¿Y qué?": que nosotros creamos nuestro estado interno en aquello que parece ser exterior a nosotros.

»Nadie es pasivo, nadie es un transeúnte, nadie es una víctima.

»Nosotros creamos. Objetos, acontecimientos. ¿Qué más hay? Lecciones. Los objetos y los acontecimientos equivalen a lo que experimentamos y lo que aprendemos de ellos. O lo que no aprendemos, en cuyo caso creamos otros objetos y acontecimientos y volvemos a ponernos a prueba.»

¿Había sido una coincidencia? Entre todas las páginas de ese libro que se sintió obligado a comprar, su dedo aterrizó precisamente en ésa. Echó un vistazo a la última página del libro: tenía 397. Las probabilidades eran de 400 a una. Y ese único libro entre... ¿cuántos?

«No es una coincidencia —pensó—. Es el resultado del destino y de la Ley de Atracción.»

Ésa era la teoría de Dee.

«No es una teoría —había susurrado—, es la ley.»

17

A la mañana siguiente, una vez hubo retirado y guardado la cubierta transparente, Jamie Forbes volvió a deslizarse dentro de la carlinga. Estaba algo preocupado por el tiempo: el frente frío se había estancado y los nubarrones se amontonaban encima de Alabama, agitados por tormentas con kilotones de rayos. No era precisamente la mejor bienvenida para un avión pequeño como el suyo.

Mezcla: DE ALTO OCTANAJE.

Palanca de la hélice: A TODO GAS.

Magnetos: AMBOS.

Batería: CONECTADA.

Propulsor de arranque: CONECTADO, dos-tres-cuatro-cinco, DESCONECTADO.

Zona de la hélice: DESPEJADA.

Interruptor de arranque: CONECTADO.

Y por fin la esperada y atronadora humareda azul.

Jamie despegó sin dejar de observar los nubarrones que se acumulaban a lo largo de su recorrido hacia el este.

Algunos eran blancos, pero también los había oscuros. No pudo evitar preguntarse si debería haber incluido lo que se avecinaba en el plan de vuelo.

Pero, a diferencia de las reglas del vuelo visual, las del vuelo instrumental no dejan conectar el piloto automático que permite reflexionar acerca del trayecto. Jamie había optado por las reglas de vuelo visual y evitaba las nubes, porque era más fluido y más divertido que el instrumental, que consiste en un pilotaje de precisión cuando uno no ve qué ocurre en el exterior.

«En 1972, Charles Lindbergh no siguió las rutas aéreas marcadas en las cartas de navegación cuando voló de Nueva York a París —pensó—. Lindbergh creó sus propias rutas.»

Se niveló a una altitud media confortable, mil seiscientos metros, y fue trazando curvas en forma de «S» alrededor de las nubes. Había espacio para ascender, para dejarse caer, para avanzar hacia el este entre las plantaciones de algodón de Misisipí.

«Alguien tenía que optar por convertirse en esa persona —pensó—. No era automático ni tenía por qué haber sido así. Cuando Lindbergh empezó a volar era un desconocido, al igual que todos los demás pilotos estudiantes. Tuvo que optar, elección tras elección, por convertirse en el hombre que cambió el mundo con su avión.»

Presión del aceite, correcta, al igual que la temperatura, la presión del combustible, la temperatura de los gases de escape, la circulación del combustible, la revoluciones del motor, la presión del colector.

«Lindbergh tuvo que dar todos los pasos, decidir su

actitud-elección-deseo miles de veces para convertir tres trillones de imajones en quinientos dólares al contado, conseguir luego con ese dinero un biplano Curtiss Jenny excedente y llevar gracias a él una vida dedicada a las carreras de aviones en zonas rurales, a la instrucción de vuelo y al transporte de correo, sin dejar de preguntarse mientras volaba si la primera vez que sobrevolaría el océano Atlántico podría hacerlo en un pequeño avión, en solitario, en lugar de en uno grande.

»Tuvo que elegir entre las sugerencias que nos dicen "puedes hacer esto" y las que nos aseguran "no puedes", tuvo que eliminar unas, fomentar otras. Cuando elegía "puedes", tenía que imaginarse el futuro (nubes de euforiones girando, expandiéndose): habría que construirse un avión, algo parecido al avión correo M-2 de Claude Ryan, por ejemplo, pero de sólo un asiento y todo el espacio que ocupaba el correo tendría que reservarse para el combustible (¡estallido de excytones!).

»Debió de haberlo resuelto en el aire, corriendo carreras, mientras su copiloto interno realizaba acrobacias aéreas y transportaba pasajeros: digamos que a ciento sesenta kilómetros por hora, eso supondrían treinta y cinco horas de vuelo hasta París; treinta y cinco horas de vuelo consumiendo unos cincuenta litros de combustible por hora serían... unos mil setecientos cincuenta litros de combustible. A razón de tres kilos y medio por litro, eso equivale a mil quinientos kilos de combustible. Hay que colocar el combustible en el centro de gravedad para que el avión se mantenga en equilibrio, tanto con los tanques llenos como vacíos. Tendría que ser un depósito de combustible volador. Es posible, es posible...

»¿Acaso Lindbergh oía el chisporroteo de los conceptones por encima del rugido del motor?

»Al plantearse seriamente la construcción de ese avión, se estaba arriesgando también a convertirse en un Charles Lindbergh perdido en el mar, después de haber llevado a término la locura de emplear un avión de un solo motor, un monoplano, para hacer un viaje que, como todo el mundo sabía, requería un biplano de varios motores. A París con un solo motor: era un loco, y ahora hay un Charles no-sé-cuántos menos volando.

»Para evitar convertirse en el Charles de ese futuro, el piloto del avión correo debió de haber pensado: "Mi avión requiere un motor fiable, tal vez el nuevo Wright Whirlwind..."

»Elección tras elección, las ideas se convirtieron en imajones, los imajones, en planos, y los planos, en tubos de acero soldados y cubiertos de tejido: el *"Spirit of Saint Louis"*.»

Los nubarrones de tormenta estaban formando una auténtica pared y Jamie Forbes decidió que había llegado la hora de ascender. La mezcla, de alto octanaje; la hélice, a máxima velocidad; el acelerador, a fondo. Así transcurrió el día de un Jamie Forbes lleno de pensamientos, y, tras una ascensión de tres mil seiscientos metros, voló por encima de las nubes y bajó el visor para protegerse de la luz.

«Alguien tuvo que decidir que se convertiría en el Charles Lindbergh que aceptó sus propias sugerencias, se hipnotizó a sí mismo para hacer lo que deseaba hacer, y acabó pasando a la historia.

Entre todos los habitantes del planeta, la persona que

tomó esa decisión fue el individuo que ocupaba la mente de Charles Lindbergh.

»¿Cuáles son las sugerencias que me estoy planteando aceptar, qué he decidido cambiar? ¿Quién he decidido ser?»

18

Hacia el sur, las nubes en forma de torre alcanzaban una altitud de unos siete mil quinientos metros.

«Si no me queda más remedio, puedo ascender otros mil quinientos metros —pensó—. Si hay huecos entre las nubes, puedo descender hasta pasar por debajo y, si fuera necesario, volver al vuelo instrumental.»

Por si acaso, había programado otro plan de vuelo la noche anterior. Una llamada por radio y no podría ir a donde le diera la gana; tendría que respetar el plan de vuelo acordado con el centro de control de tráfico aéreo: volaría a lo largo de una línea central hasta Marianna, Florida, y, si se tropezaba con bancos de niebla, tendría que pasar a través de las nubes en lugar de rodearlas.

Ése era el Plan B. Mientras, volaría a una altitud de crucero de tres mil metros a través del cielo despejado, esquivando las nubes.

«El Gran Blacksmyth se deshipnotizó y abandonó su cuerpo. Yo no quiero eso. Me gusta el juego aquí, en este mundo, me gusta ser instructor y pilotar aviones.

»Y cuando Sam se des-mortalizó y abandonó una creencia consensuada, ¿acaso no apareció en otra, en alguna sugerida por los Juegos de la Otra Vida?

»En ese caso, se presentan todo tipo de nuevas oportunidades, aceptables o rechazables, no sujetas a límites mortales, leyes que hace una hora eran inquebrantables. Las convicciones de otros no afectan mi vida hasta que las haga mías.

»En cuanto nos convencemos de que somos espíritu, flotamos a través de las paredes, invulnerables a creencias en accidentes, tormentas, enfermedades, vejez o guerras. Nadie, ni ningún gobierno del planeta, o la galaxia, o el universo, ni siquiera las leyes del espacio-tiempo podrán mandarnos bajo tierra, dispararnos, ahogarnos, aplastarnos, hacernos volar en pedazos, torturarnos, drogarnos, encadenarnos, asfixiarnos, atropellarnos, envenenarnos, atraparnos, azotarnos, electrocutarnos, encerrarnos, golpearnos, ahorcarnos, quemarnos, guillotinarnos, matarnos de hambre, operarnos, manipularnos ni fastidiarnos.

»El aspecto negativo es el siguiente: en cuanto los espíritus no aceptan nuestras sugerencias, no pueden jugar en nuestro patio. Pueden atravesarlo, claro, pero ¿usarlo como lo hacen los mortales, para aprender? Eso no, eso está prohibido.

»Lo que hizo Sam, lo que hacen los espíritus, es creer que han superado el espacio-tiempo, que reflexionan acerca de los valores que aprendieron y las lecciones que se perdieron en su vida pasada.

»Elegiré llegado el momento. Por ahora hay cosas más fáciles que aprender.

»El altímetro, por ejemplo, no es real, es la sugerencia

de que hay un instrumento que indica tres mil setecientos ochenta metros. El altímetro supone la creencia en mis suposiciones, que se manifiesta como un disco que parece de latón y cristal, con manecillas blancas sobre un fondo negro. No es lo que parece: son mis propios imajones, pulidos para que parezcan un altímetro.

»El instrumento no es real, ni tampoco la carlinga, el avión, mi cuerpo, el planeta, ni todo el universo físico. Sugerencias, nubes de partículas de ideas que se desplazan, siguiendo la huella de lo que opto por creer que es real.

»¿Qué es real?»

Se rio de sí mismo, allí, a tres mil doscientos metros de altitud. Hasta la víspera, se había conformado con sobrevivir como instructor de vuelo. Las sugerencias, las hipnosis y las partículas de pensamientos que convierten el mundo en algo tan sólido como las partículas de piedra era algo propio de los filósofos dedicados a sacarle el polvo a torres de marfil.

«Ahora estoy pensando que la piedra es una sugerencia hipnótica y preguntándome si la piedra no es real. ¿Qué es real?

»¿Qué me hiciste, Blacksmyth? La vida transcurre de manera perfectamente normal durante cincuenta años y entonces te encuentras con una sugerencia inocente, el mundo deja de ser lo que crees que es y ¡ZAS, todo cambia!»

Más allá, por encima del morro del avión, descubrió un hueco entre las nubes. Bien.

«Eso es —pensó—. Todo cambia. Acostúmbrate.»

Bajó el morro, y la velocidad relativa de vuelo aumentó de 185 nudos a 200.

«Lo que es real es lo que no cambia. No es necesario

ser un diseñador de naves espaciales para saberlo, basta con ser un sencillo piloto de avión. Si algo era real, pero ha dejado de serlo, ya no es real. Así que la pregunta que hay que plantearse es: "¿Qué es real y permanece real para siempre?"»

Hizo girar el avión alrededor de una nube y la niebla pasó zumbando junto a la punta del ala.

«¿Hay algo real? Dios, sea lo que sea. ¿El amor?

»En este preciso instante no necesito saber qué es eterno, ya lo averiguaré algún día.

»¿Qué es lo que importa ahora mismo? Si no he de deshipnotizarme y abandonar el planeta, al estilo de Sam Black, puedo rehipnotizarme. Puedo elegir el trance en el que quiero vivir. A largo plazo, puedo entrar en el cielo o el infierno en el que deseo creer, aquí mismo, en la tierra.»

Combustible: lo suficiente para una hora y cuarenta minutos. Las nubes se disipan, el aeropuerto de Marianna está al alcance.

Bajó el morro y la velocidad relativa de vuelo aumentó a 210 nudos.

«¿Qué será? —se preguntó—. ¿Qué clase de vida quiero vivir? Aterrizaré sano y salvo al final de este vuelo. Un tramo más y estaré en casa, y después...

»Después, ¿qué?»

Hubo un largo silencio mental.

«Lo que quiera, sea lo que sea, el imajón que considere que sería divertido experimentar.

»¿Qué es lo mejor? ¿Qué me hará más feliz?

»Porque ahora lo tengo casi todo. Un matrimonio estupendo, buenos alumnos a quienes enseñar, aviones que pilotar... Sobrevivo bastante bien. Eso ya es casi el cielo.

»Así que después de todos estos cambios, de repente creo que sé cómo funciona el mundo. ¿En qué he cambiado?»

Levantó el visor, se miró en el espejo de la cubierta y vio que no había cambiado mucho desde esa mañana.

«El cambio consiste en saber. Alguien se pasa la vida en tierra firme, un día acude a una escuela de vuelo y sale de ella con un título de piloto. ¿Qué ha cambiado? No lo descubre contemplándose en el espejo, pero ahora es capaz de realizar lo que antes solía llamar milagros.»

«Yo también —pensó Jamie Forbes—. Yo también.»

19

En el aeropuerto de Marianna, Jamie se compró un sándwich y medio litro de leche. Una vez hubo llenado de combustible el tanque del avión, se sentó en el suelo debajo del ala y desenvolvió el sándwich.

«Sé cómo funciona. Puedo cambiar lo que sea cuando me dé la gana. ¿Qué he de cambiar, qué sugerencias he de hacerme a mí mismo, y cuáles debo aceptar y considerar verdad en mi estado de trance al tiempo que me dispongo a observar cómo cambia el mundo a mi alrededor?»

Desplegó el mapa de Jacksonville. El color verde indicaba las colinas bajas y el azul, el golfo de México. Cogió un bolígrafo del bolsillo de la manga y lo sostuvo encima de la zona azul.

«Si me estuviera hipnotizando a mí mismo —pensó—, ¿qué sugerencias querría ver realizadas a mi alrededor?»

Anotó lo siguiente en el mapa:

«Todo lo que ocurre a mi alrededor debe ser en beneficio de todos.

»Las personas han de tratarme con la misma bondad con que yo las trato.

»La coincidencia ha de conducirme hacia otros que tengan algo que enseñarme, y a quienes yo también tenga algo que enseñar.

»No careceré de lo que sea necesario para convertirme en la persona que quiero ser.

»Recordaré que fui yo quien creó este mundo, y que cuando quiera, puedo cambiarlo y mejorarlo mediante mis propias sugerencias.

»Una y otra vez veré confirmado que mi mundo está cambiando según mis planes, y descubriré cambios mejores a los que imaginé.

»Recibiré respuestas a todas mis preguntas de un modo claro, incluso rápido e inesperado, y procederán de mi fuero interno.»

Jamie dejó de escribir y leyó lo que había escrito.

«Bien —pensó—, me parece un comienzo bastante bueno. Si yo fuera mi propio hipnotizador, me gustaría hacer esas sugerencias.»

Entonces hizo algo curioso: cerró los ojos y se imaginó que un espíritu superior estaba allí con él, debajo del ala del avión.

«¿Hay algo que quisieras añadir?», susurró.

Entonces, como si el bolígrafo hubiera cobrado vida propia, empezó a escribir con trazos más grandes y destacados que los suyos:

«Aquí y ahora, soy una expresión perfecta de la Vida perfecta.

»Todos los días descubro algo más acerca de mi auténtica naturaleza, así como del poder que me ha sido otorgado sobre el mundo de las apariencias.

»En mi travesía, me siento profundamente agradecido por las enseñanzas y los consejos de mi yo más elevado.»

Entonces se detuvo. Mientras el bolígrafo se estuvo moviendo, Jamie tuvo la sensación de que la corriente eléctrica fluía por su cuerpo, como si se encontrara en un museo de ciencia, cerca de un gigantesco generador Van de Graaf. Cuando las palabras se detuvieron, la energía se desvaneció.

«¡Alto! —pensó—. ¿Qué ha sido eso?» Después soltó una carcajada: había sido la respuesta a su pregunta: «¿Hay algo que quieras añadir?»

Sin darse cuenta, le llegó la respuesta que había estado hasta entonces sumergida en lo profundo de su subconsciente: «Las respuestas existen antes de que formules tu pregunta. Si quieres que sean lentas, por favor, especifícalo en tu petición.»

Jamie se puso de pie bajo el ala: de pronto el mundo ya no le parecía el mismo. No comprendió el alcance de la palabra «enseñanzas» y olvidó agradecerle esos consejos a quienquiera que los hubiera escrito.

20

Esa tarde, tras despegar de Marianna en dirección al sur, Jamie no tardó en recibir la descarga de las tormentas. El GPS indicaba nubes y turbulencias a 1.260 metros, y un montón de manchas rojas salpicaban el rumbo.

Durante un rato, Jamie Forbes dejó a un lado las sugerencias. Cuando uno pilota aviones pequeños, esté o no hipnotizado, no debe tomarse a la ligera las tormentas eléctricas; así que Jamie decidió prestarles toda su atención.

Como no podía pasar por encima de las nubes, optó por volar a tres mil metros de altitud, avanzando con rapidez entre las oscuras cortinas de lluvia.

Mientras el avión se afanaba en buscar una zona más despejada, recibió el impacto de ráfagas de gotas pesadas, que se deslizaban por las alas y el parabrisas.

«Hoy, nada de volar con instrumentos —pensó—. El GPS es estupendo, pero, en medio de una tormenta eléctrica, corro el riesgo de que la pantalla se quede en blanco, y eso no sería divertido.

»¿Por qué los instrumentos de los aviones nunca fallan

cuando el tiempo es bueno y no los necesitas? No se trata de que debas contar con que vayan a fallar cuando hace mal tiempo, pero, como ocurre con bastante frecuencia, hay que estar preparado y disponer, por tanto, de otras opciones.»

Empezaba a quedarse sin opciones. Estaba sobrevolando extensos bosques de pinos bajos, el camino de regreso a Marianna quedaba justo al otro lado de las aceradas cortinas de nubes, y mirase donde mirase la visibilidad se reducía a mil quinientos metros: volar seguía siendo legal, pero resultaba peligroso en un avión veloz.

Recogió la carta y encontró su posición. El aeropuerto más cercano estaba a nueve kilómetros al suroeste. Tomó ese rumbo y descubrió que el aeropuerto estaba azotado por la lluvia.

Cuando aún era un joven piloto, había tratado de aterrizar en medio de una tormenta y había decidido que nunca volvería a intentarlo.

El siguiente aeropuerto más próximo estaba en Cross City, a catorce kilómetros al sureste. El cielo estaba medio despejado, y las tormentas eléctricas se acercaban por el oeste. Voló en esa dirección. Iba en zigzag de un aeropuerto a otro, como una rana saltando de una hoja de nenúfar a la siguiente.

«Cuando todos los aeropuertos que me queden de camino estén cerrados por la tormenta —pensó—, aterrizaré en el último que permanezca abierto y esperaré en tierra hasta que haya pasado la tormenta. Y creo que ha llegado el momento.»

A dieciséis kilómetros de Cross City vio la tormenta, negra como la noche.

«Lo lograrás si te das prisa.»

Aceleró, bajó el morro y el pequeño avión brincó hacia delante; la velocidad relativa de vuelo era de 190 nudos.

—Mi yo más elevado no me está dejando mucho margen —dijo en voz alta, sin sonreír.

Ochenta segundos después vio las pistas de aterrizaje de Cross City, y una pared de agua que parecía un maremoto de trescientos metros de altura se aproximaba atronadoramente por el oeste. Por debajo, los relámpagos centelleaban y se bifurcaban en la oscuridad.

—Tráfico de Control City, Beech Tres Cuatro Charlie se encuentra a mil seiscientos metros al noreste e inicia el descenso a 360 grados en la pista Dos Uno, si el tráfico de Cross City lo permite.

Si el tráfico lo permite. Como si hubiera alguien que se le ocurriera aterrizar en esa situación. Tenía que estar loco: tomar tierra en medio de una tormenta que golpearía la pista al cabo de un par de segundos.

«¡Vaya —pensó—, ese loco soy yo!»

El T-34 descendió hasta situarse a trescientos metros por encima de la pista, volando a casi 200 nudos de velocidad.

Colocar el acelerador en posición neutral, alzar el morro, girar en la dirección del viento, reducir la velocidad, bajar el tren de aterrizaje, los alerones, inclinar el morro, trazar un giro elevado y ver la pista que se acerca, gris en medio de la lluvia. Unos segundos después de que los instrumentos indicaran que el tren de aterrizaje había bajado, los neumáticos tocaron tierra en el pavimento mojado.

Al cabo de solo un minuto, Jamie Forbes rodaba por la pista hacia la rampa de aparcamiento. Se sentía como un pez en una pecera: el agua caía a cántaros sobre la cubierta, y, de no haber sido por el movimiento de la hélice, Jamie ni siquiera habría sabido que el motor seguía en marcha. Más allá no se veía nada.

Frenó el avión en medio del rugido del diluvio y dobló la carta de navegación. Los relámpagos caían a dos pasos de él y los truenos sacudían el pequeño avión.

En el borde de la carta, leyó escrito en grandes letras:

«En mi travesía, me siento profundamente agradecido por las enseñanzas y los consejos de mi yo más elevado.»

Una vez a salvo, en medio de la violencia de la tormenta, lo primero que le llamó la atención fue la palabra «enseñanzas».

21

Debido a la Convención de Jinetes del Sureste en Gainsville, no había plazas en ningún motel de Cross City. Todos los empleados eran amables («Las personas han de tratarme con la misma bondad con la que yo las trato a ellas»), y le dijeron que no había habitaciones libres, ni suites, ni armarios, ni casetas de perro disponibles hasta el lunes.

Decidió que esa noche desenrollaría su manta impermeable bajo el ala del avión, rezaría para que dejara de llover y seguiría rumbo al sur por la mañana.

Prácticamente dejó de llover, pero aparecieron los mosquitos. Poco después del anochecer, sus zumbidos lo obligaron a abandonar la idea de dormir bajo el ala. Se retiró a la carlinga, cerró la cubierta para impedir que entraran las pequeñas bestias, se estiró cuanto pudo recostado contra el asiento y apoyó ambos pies entre los pedales del timón.

Aprovechó el tiempo para volver a leer el manual del piloto del T-34, a la luz de la linterna: 214 páginas de texto y fotos interesantes. Logró leer 33 páginas antes de que se le acabara la pila.

Solo, oprimido en su asiento, acalorado, mojado y a oscuras; faltaban aún diez horas para que amaneciera.

«¿Es esto lo que obtienes cuando aceptas la sugerencia de cambiar el mundo que te rodea?»

«*No sugeriste dormir en una cama confortable todas las noches*», dijo alguien.

«*Sugeriste un mundo diferente, uno que considerarías verdadero. Pues ahora lo tienes. Si no pretendías que fuera un desafío, deberías haberlo dicho. Si lo que pretendías era estar cómodo, deberías haberlo apuntado.*»

Jamie consideró la posibilidad de buscar pilas de repuesto para la linterna y añadir «No Sufriré Ninguna Incomodidad» a la lista de sugerencias. Solo y acalorado, oprimido en su asiento, mojado, y empezando a asfixiarse en la carlinga cerrada, sonrió al pensar en cambiar la lista de sugerencias autohipnóticas.

Siempre Dispondré De Comida Exquisita, y oh, dicho sea de paso, Siempre Dormiré Hasta Tarde Por Las Mañanas y Nunca Tendré Que Sacar La Basura ni Pagar Facturas.

Si alguien hubiera acampado cerca, habría oído sus carcajadas en la oscuridad.

22

Recordaba parte de lo que había soñado, vagamente. Jamie se había dormido una hora antes de que amaneciera. Había vuelto a la escuela, o al menos a algún lugar repleto de pizarras.

Alguien había escrito en ellas miles de palabras, pero después las habían borrado: las pizarras estaban repletas de innumerables trazos de tiza borrados. Justo antes de despertar vio una pizarra en la que se leía una única palabra. No estaba escrita con tiza, sino tallada en la piedra: «Vida.»

La vio durante sólo medio segundo tras el que las pizarras desaparecieron y la luz del sol lo despertó bajo un cielo límpido y oscuro.

Jamie Forbes no acostumbraba a recordar sus sueños, pero se aferró a ese último hasta que la aurora lo disipó.

«El sueño es mi respuesta —pensó—. ¡Por fin!»

Se aferró a la respuesta y empezó a buscar la pregunta. «Vida —pensó—, vida-vida-vida. ¿Debería apuntarlo?» Parecía una tontería, pero al ver el mapa apoyado sobre la consola de los interruptores, Jamie cogió el bolígrafo que guardaba en el bolsillo de la manga y la anotó: «Vida.»

Le había parecido muy importante recordarlo. Pero a cada minuto que pasaba, mayor era la sensación de haber hecho una tontería. Vida. Vale. Pasaron unos segundos. «Vale» se convirtió en «¿y ahora qué?», que se convirtió en «¿y qué?». Vida. Una palabra bonita, pero no le habría venido mal disponer de algo de contexto.

Se apeó de la carlinga y disfrutó unos instantes del aire fresco y libre de mosquitos. Se enderezó. El ala estaba a setenta centímetros del suelo, pero cuando brincó le parecieron ciento treinta.

«¡Caray, menuda nochecita! ¡Estoy agarrotado!»

Allí, bajo el sol de la aurora, antes de creer que las cadenas eran reales...: «¡No! ¡Me niego a repetir tus palabras! Rechazo tus aburridas sugerencias acerca de mis sentimientos. No pienso entrar en trance y no creeré que me encuentro mal, ni tampoco que soy desgraciado. No estoy agarrotado, sino todo lo contrario: soy la perfecta expresión de una vida perfecta, aquí y ahora. Esta mañana soy flexible como una serpiente. No estoy en absoluto dolorido. ¡Estoy en perfecto estado de salud, lleno de energía, muy despierto, atento, descansado y dispuesto a volar!»

Por una parte sabía que estaba practicando su número deshipnotizador y, por la otra, se preguntaba si funcionaría.

Para sorpresa suya, funcionó. La rigidez de sus miembros desapareció, se desvaneció un segundo después de haber rechazado la sugerencia.

Dio unos cuantos pasos prudentemente, como si dudase de que el entumecimiento hubiera desaparecido y descubrió que, como por acto de magia, caminaba con absoluta normalidad.

Oyó los aplausos de un público interior. Se trataba de una demostración milagrosa, por reflejo: un rechazo prácticamente instantáneo de una sugerencia negativa y una afirmación de su auténtica naturaleza. La sugerencia desapareció en el limbo de lo rechazado y, en pocos segundos, Jamie recuperó la capacidad de caminar.

«Este mundo no es realmente lo que parece —pensó, corriendo a lo largo de la pista y saboreando la victoria—. Ya que puede haber sugerencias para todos los gustos, ¿por qué no aceptar las divertidas y rechazar las aburridas? ¿Acaso tiene eso algo de malo?

»Lo consideraré de la siguiente manera: me estoy reprogramando a mí mismo. En cada oportunidad, cambiaré las energías negativas por las positivas y veré qué pasa. Dios sabe que me he pasado la vida aceptando los malos momentos, ahora le toca el turno a los buenos.

»Resulta extraño que algo tan sencillo como... —Se interrumpió de inmediato—. ¡No resulta extraño en absoluto! ¡Resulta natural y normal y correcto!»

Sonrió para sí.

«No nos dejemos llevar... ¡No! Ya me he dejado llevar cuando me he reprogramado. ¡Y funciona! ¡Sólo daré vía libre a lo positivo, a lo que me reafirma la vida!

»Me reservo el derecho de rechazar las sugerencias negativas, provengan de quien provengan.

»Vamos —les gruñó a las fuerzas oscuras ese nuevo optimista batallador que llevaba dentro—, ¿con qué pensáis desairarme ahora? Venga. ¡Hacedlo lo mejor que podáis!»

Jamie Forbes no pudo evitar sonreír al pensar en la batalla que se estaba lidiando para apoderarse de su mente y decidió apostar por el recién llegado.

«Gracias —pensó, dirigiéndose al maestro interior—. Supongo que a partir de ahora presenciarás cambios importantes.»

23

Una vez pasadas las tormentas, el cielo se había abierto. Todo el sureste estaba despejado.

«Supongo que a mediodía aparecerán algunos cúmulos —pensó Jamie Forbes, preparando su avión para el vuelo—, y a media tarde volverán las tormentas.»

Cuando el sol se elevaba por encima del horizonte oriental, el T-34 ya había subido las ruedas y ascendía en dirección al sur. El aire era fresco y suave. Jamie se imaginó la llegada a su destino: un aterrizaje perfecto y un paseo por la pista hasta el hangar.

Mientras volaba a mil metros de altitud, una parte traviesa de su mente se convirtió en abogado del diablo.

«Puede que no sea un aterrizaje tan perfecto. Algo podría salir mal. Tal vez el motor se detenga, o se produzca un fallo eléctrico total. O quizá las ruedas se atasquen y no consigan salir.»

Se quedó esperando que el optimista interior atacara esos pensamientos tenebrosos y los rechazara, pero no pasó nada.

«Puede que el conducto del aceite se rompa.»

«*Es verdad.*»

«¿No vas a decir que es imposible? ¿Que lo Negativo No Está Permitido?»

«*¿Qué tiene de negativo un fallo en el motor? En parte te gusta volar porque pueden ocurrir cosas inesperadas. Que se rompa el conducto del aceite es un evento, un examen. Al igual que un examen de gramática, no tiene nada de negativo.*»

«Por supuesto. Tienes razón.»

«*¿Quieres que te diga lo que es negativo, Jamie? Esto es negativo:*

»*Estoy enfermo.*

»*Soy un estúpido.*

»*Tengo miedo.*

»*Estoy separado de mi yo más elevado.*

»*Lo negativo no es el examen, es lo que te ocurre cuando lo cateas.*»

«¿Por qué no eliminar los exámenes —contestó Jamie— e hipnotizarme para creer que volar no presenta problemas?»

«*No. ¿Acaso no quieres saber el motivo?*»

«¿Cuál es?»

«*Que te encanta pasar un examen, te encantan los desafíos.*»

Jamie reflexionó. Y no sólo los exámenes de aviación.

«*Y no sólo los de aviación. Todos los exámenes.*»

«¿Por qué te sientes tan seguro de ti mismo? Yo no me siento así...»

«*Porque acabas de aceptar una sugerencia de que no sientes seguridad en ti mismo. Yo me siento seguro de mí mismo porque no me pregunto si lo que veo a mi alrededor son mis propias creencias. Sé que lo son. Sé que las he aceptado por un motivo importante. Con tu permiso, rellenaré el recuadro de la Seguridad en uno mismo durante un ratito, hasta que tú te sientas cómodo y puedas hacerlo solo.»*

«Gracias, pero...»

«*Pero ¿qué? ¿Acaso piensas rellenar ese recuadro vacío con algo negativo?»*

Jamie reaccionó con rapidez y pensó: «Nunca seré capaz de hacer esto continuamente.

»Gracias, pero... no necesito tu ayuda.»

Percibió que sus palabras divertían a su yo más elevado.

«*Bien. Avísame cuando la necesites. Adiós.»*

Tras la partida de su nuevo amigo, se sintió un poco solo.

—¡No me siento solo! —dijo en voz alta.

No se había marchado, acababa de conocerlo. «Es fantástico encontrarse con un yo más elevado en las alturas y que encima acuda cuando le llame», pensó.

La seguridad que fingía tener en sí mismo se convirtió en la que realmente sentía: ésa fue la segunda curación instantánea del día. Algo había cambiado en el interior de Jamie Forbes. Todo esa aparente palabrería acerca del Hipnotismo a través de la Cultura era más que eso: cuanto más examinaba la idea, tanto más comprendía que era verdad.

«Recibiré respuestas a todas mis preguntas de un modo claro, incluso rápido e inesperado, y procederán de mi fuero interno.»

El avión ascendió a través de la capa de bruma hasta

alcanzar una altitud de mil trescientos cincuenta metros. Durante un segundo, la sombra del aeroplano quedó proyectada sobre una capa de niebla blanca y la silueta negra del avión apareció rodeada por el halo de un arco iris tecnicolor.

«Vaya —pensó Jamie—. Al pilotar un avión puedes disfrutar de imágenes como ésta, instantáneas que jamás olvidarás. ¡Menuda vida!»

Recordó la palabra escrita en la pizarra... ¡Qué interesante, la palabra de un sueño! Durante unos instantes se preguntó por qué la única palabra que no se había borrado era «Vida».

«*¿Acaso tenemos que explicártelo?*»

«Hola, otra vez.»

«*Querías saber lo que es real, ¿recuerdas?*»

«Puesto que todo lo demás son sugerencias y apariencias, sí, quería saberlo. Oh. ¿La Vida? ¿La Vida es real?»

Volando a mil seiscientos cincuenta metros de altitud, tiró de la imaginaria palanca de la hélice hacia atrás y, en el tacómetro que-no-estaba-allí, redujo la creencia de las 2.700 revoluciones por minuto a 2.400. «No puedo confiar en que la vista o el tacto me enseñen qué es Real: todo forma parte de mi estado de trance.

»Sin embargo, sé que estoy vivo. Eso es real. Existo.»

«*Siempre he existido* —susurró la voz—. *Siempre existiré.*»

«Pese a toda esa fantasía del ahora-lo-ves-ahora-no-lo-ves del espacio-tiempo, pese a todas las sugerencias y las instrucciones erróneas, todas las suposiciones y las creencias, pese a todas las teorías y leyes, y pese a que fingimos que somos alguien cuando no lo somos (a saber, bípedos que deambulan por la superficie cada vez más fría de una esfera de roca derretida, uno de los doce planetas que giran eternamente alrededor de una explosión nuclear continua en una galaxia en forma de molinete situada en un universo de fuegos artificiales), detrás de nuestra máscara, el principio infinito y eterno que nunca ha nacido ni nunca muere es la Vida, ¡y mi auténtico yo no es de los que se están apagando, sino que forma parte de Ella!

»Nosotros, instalados en nuestra pequeña creencia de lo que es un hogar; antiguos alienígenas convencidos de pertenecer a civilizaciones generadas por las estrellas; criaturas espirituales seguras de la existencia de la vida después de la muerte, que soñamos con dimensiones en el más allá; jugamos en nuestro fuero interno a los símbolos y cada uno de nosotros es la chispa y el destello de lo eternamente Real.»

Jamie parpadeó. «¿Qué es esto que estoy pensando? ¿Cómo sé todo esto?»

«*Porque pilotas aviones, Jamie...*»

«¡Venga ya! Eso no es...»

«*...Y porque al igual que todos los demás, ya lo has incorporado; siempre lo has sabido. Te limitas a tomar la decisión de recordarlo, aproximadamente ahora.*»

«¿Te diviertes?»

«*¿Crear mundos? Claro que sí, si lo haces correctamente. Como tú... Como descubrimos todos cuando comprendemos que lo que estamos creando son mundos, todas las sugerencias, las imágenes, las afirmaciones...*»

«¿Lo descubriré?»

«*No hay marcha atrás, a menos que te mueras de ganas de aburrirte.*»

Jamie se asomaba al borde de lo que había querido descubrir toda la vida.

«A ver si lo entiendo —pensó—. Dime si voy bien encaminado. Estamos flotando en alguna parte, nos imaginamos una historia que sería divertido experimentar...»

«No estamos "flotando en alguna parte". ¿De dónde has sacado eso?»

«... Nos imaginamos nuestra historia y así nos imaginamos que somos actores que pueden interpretar esa historia.»

«No tenemos que formar parte de ninguna historia —dijo su otro yo—. Pero... de momento, vale. Continúa».

«Nos creamos a nosotros mismos a partir de la imaginación, las sugerencias y las ideas; nos acercamos a un entorno en el que muchos están sumidos en el mismo trance en el que queremos sumirnos nosotros.»

«Recordaré que quise crear este mundo, que puedo cambiarlo y mejorarlo mediante mis propias sugerencias siempre que quiera.»

«Podemos conducir nuestra historia en cualquier dirección, en cualquier momento que elijamos, pero nuestra creencia en el espacio-tiempo es nuestro océano, es nuestro escenario y, en cuanto olvidamos que somos capaces de cambiarlo, vivimos en un trance no creativo en vez de en uno creativo.»

«Trance creativo. Eso es muy bonito.»

«No tenemos cuerpos, los imaginamos continuamente. Nos convertimos en aquello que no dejamos de sugerirnos, enfermos o sanos, felices o desesperados, desatentos o geniales.»

Se detuvo, esperando una respuesta. Silencio. «¿Hola?»

«*Te escucho. Prosigue.*»

«Pues eso es todo, más o menos. Ahora mismo he llegado hasta aquí.»

«*No es verdad. Estás mucho más allá. Pero aquí es donde tú crees que estás, ¿vale? ¿Te interpreto correctamente, querido mortal? Acabas de descubrir las alas de plumas azules que siempre has tenido en tu interior: estás experimentando tu fantasía de volar. Te encuentras al borde de un precipicio de un kilómetro y medio de altura, te inclinas hacia delante, despliegas las alas, pierdes el equilibrio en ese preciso instante... ¿y esperas encontrarlo en el aire?*»

«¡Sí! ¡Quiero encontrar el equilibrio en el aire!»

«*Muy bonito.*»

Después de esas palabras el yo elevado de Jamie Forbes guardó silencio durante unos instantes, y Jamie aprovechó ese tiempo para escuchar lo que él acababa de decir.

24

Cuando la primera gota de lluvia de la primera tormenta de la tarde tocó el suelo, el T-34 ya había aterrizado, repostado y llegado al hangar. Jamie condujo a casa bajo la lluvia, olvidó el volar y disfrutó pensando en el tiempo que por fin pasaría con Catherine. Tenía tantas cosas que contarle y tantas ganas de escuchar sus comentarios...

Dedicó el día siguiente a recordar todo lo ocurrido durante el viaje: revivió el vuelo, revivió lo escuchado y las ideas, y anotó todo lo que pudo, palabra por palabra. Acabó llenando unas setenta páginas.

Sus alumnos esperaron, pacientes como cóndores.

—¿Qué harías si el timón se atascara? —le preguntó a Paolo Castelli durante el siguiente vuelo de instrucción en el pequeño Cessna.

—Pilotaría con los alerones.

—Enséñamelo.

Más tarde le preguntó:

—¿Y si se atascaran los alerones?

—¿Debo suponer que se han atascado el timón y los alerones o sólo los alerones?

—Se han atascado los dos. El timón y los alerones están inmovilizados, no puedes usarlos.

Hubo un silencio prolongado.

—Eso no puede ocurrir.

—Pues a mí me ocurrió —dijo el instructor—. La caja de herramientas se deslizó debajo de los pedales del timón y la manga de la chaqueta de una niña se quedó atascada en la polea del cable del alerón. Así fue como aprendí lo que tú estás aprendiendo ahora.

—No sé...

—Las puertas, Paolo. Abre las puertas y observa lo que ocurre.

El alumno abrió la puerta y la empujó contra el viento exterior.

—¡Vaya! ¡Hace girar el avión!

—Así es. Gira a la izquierda a noventa grados y después a la derecha. Sólo con las puertas.

Cuanto más cerca estaban del final de la clase, más largas eran las preguntas.

—¿Qué harías si el timón, los alerones y el elevador se atascaran, el cable de dirección se rompiera, todos los instrumentos y la radio fallaran, y el acelerador estuviera atascado en el punto de la máxima fuerza de despegue?

—Usaría... Usaría las puertas y la mezcla para apagar y encender el motor...

—Enséñamelo.

Estos aspectos de la formación suponían un trabajo duro para sus alumnos, pero, después de sus clases, en lugar de estar asustados, se sentían más seguros de sí mismos y siempre regresaban a por más.

A seiscientos metros de altitud, Jamie puso el acelerador en posición neutral.

—¡Ese motor acaba de fallar una vez más, señorita Cavett! ¿Dónde aterrizará?

La alumna se relajó para llevar a cabo el quinto aterrizaje de emergencia del vuelo. Pura rutina: el instructor apaga el motor, la alumna busca un prado y se prepara para aterrizar como si el prado fuera una pista. Cuando el instructor ve que aterrizará sana y salva, conecta el motor y el avión vuelve a alcanzar la altitud anterior.

Pero esa vez fue diferente.

—¿Es allí donde piensas aterrizar?

—Sí, señor —dijo ella—. En ese campo marrón, junto al camino de tierra.

—¿Aterrizarás con el viento de lado, con los surcos a través?

—No. Con viento de cola, avanzando a lo largo de los surcos.

—¿Estás segura de lograrlo?

—Sí, señor. Lo lograré, es fácil.

Jamie Forbes interrumpió el flujo de combustible. El motor dejó de girar en punto muerto y la hélice se detuvo. Sólo se oía el silbido del viento: el avión se había convertido en un planeador.

—Perdón, señor, ¿acaba de...?

—Sí. Aterrice en el campo arado, señorita Cavett, lo mejor que pueda.

Jamie Forbes había creído hasta entonces que estaba especializado en proporcionar a los pilotos lecciones que no podían aprender de otro modo, salvo cuando se encontraran con su primera auténtica emergencia aérea. Acababa de darse cuenta de que no era así.

«No enseño, sugiero, y los alumnos se enseñan a sí mismos.

»Ofrezco ideas: ¿por qué no intentas abrir las puertas? ¿Por qué no intentas pilotar guiándote por las sensaciones en vez de por los instrumentos? ¿Por qué no intentas aterrizar en ese campo y después bajas del avión y brincas en el heno, te demuestras a ti mismo que también se puede aterrizar perfectamente, tanto en la tierra desnuda como en una pista?

»¿Quién lo había dicho? "No es un instructor, ¡es un hipnotizador!"

»¡María!» Una milésima de segundo y se encontró sobrevolando Wyoming.

«Estoy a punto de morir y éste me pregunta cuál es mi pan favorito. ¿Por qué tenía que tocarme el loco precisamente a mí?»

«Era María Ochoa, la que usó la coincidencia para salvar su vida y afectar la mía, la que me mostró cómo funciona el mundo del espacio-tiempo. La grandeza de hipnotizar a María no estaba en los veinte minutos de ayuda que le brindé, sino en el don que ella me otorgó y que me cambió para siempre.

»Querida María: te encuentres donde te encuentres, le pasaré tu don a otros.»

Muy de vez en cuando, Jamie recibía la carta, la llamada, el correo electrónico de algún alumno.

«Así que cuando el motor se detuvo, bueno, mientras el motor estallaba, desconecté el combustible, la mezcla, reduje la velocidad de la hélice a cero y oí su voz junto a mí: "Aterrice lo mejor que pueda en ese prado lleno de vacas, señor Blaine." El parabrisas estaba cubierto de aceite, señor Forbes, pero me aferré al timón, y giré para poder ver las luces de posición a través de la ventanilla. ¡Ni un rasguño! ¡El aterrizaje más suave que he hecho nunca! ¡Gracias!»

Jamie conservó las cartas.

«En mi travesía, me siento profundamente agradecido por las enseñanzas y los consejos de mi yo más elevado.»

Era una mañana gris, techo y visibilidad nulos a causa de la niebla. Estaba sentado ante su ordenador escribiendo un cheque para pagar el alquiler del hangar («No careceré de lo que sea necesario para convertirme en la persona que quiero ser»), cuando sonó el teléfono.

—¿Dígame? —dijo Jamie.

Oyó una voz femenina, algo nerviosa.

—Quisiera... Quisiera hablar con Jamie Forbes.

—Soy yo.

—¿Es usted el instructor de vuelo?

—Soy un instructor de vuelo. Pero no pongo anuncios. Ha llamado a un número que no figura en el listín.

—Quiero aprender a pilotar. ¿Puede usted enseñarme?

—Lo siento, señora —dijo él—. No soy esa clase de maestro. ¿Dónde encontró este número?

—En la contratapa de una revista para pilotos. Alguien apuntó su nombre y su número de teléfono con un rotulador y puso «Buen instructor».

—Gracias por el comentario. Es muy amable. Pero yo enseño el tipo de cosa que uno quiere aprender después de haber obtenido el título. Hidroaviones, aviones de rueda de cola, pilotaje avanzado. Hay un montón de escuelas de pilotaje y si más adelante usted desea una formación suplementaria, llámeme y lo hablaremos.

—¡No cuelgue!

—Pensaba esperar hasta que se despidiera —dijo él.

—Soy una buena alumna. He estado estudiando.

—Eso es otra cosa —dijo él—. ¿Qué es un deslizamiento lateral?

—Es una maniobra... que al principio parece extraña —contestó la mujer, satisfecha de que la examinaran—. Ladeas el avión en una dirección, pero das un bandazo hacia el otro lado. Un deslizamiento lateral evita que el viento te arrastre cuando estás aterrizando: es el único modo de volar en línea recta azotado por un viento que te empujaría fuera de la pista.

—Una buena definición. —Jamie había esperado una respuesta de libro de texto: «Un modo de perder altura sin aumentar la velocidad relativa», que sólo es cierto en parte.

—Siempre quise pilotar y mi madre también. Íbamos a aprender juntas, pero murió antes de que... Antes de que lo hiciéramos.

—Lo siento. —«Hubiera sido divertido para ellas», pensó, «eso de aprender juntas.»

—Anoche hablé con... Soñé con mi madre. Dijo que podría aprender por ambas, que ella volaría conmigo. Y esta mañana encontré esa revista en un carrito del supermercado, con su número. Es como si... Sé que da clases a algunos alumnos primerizos, ¿verdad? Sólo en contadas ocasiones, ¿no? ¿Tras una entrevista exhaustiva? Si tengo que aprender por dos, tendré que estudiar el doble, ¿no le parece?

Eso lo hizo sonreír. «No será el fin del mundo —pensó—. Su actitud es la correcta, sin duda. Actitud, elección, deseo de que sea verdad.»

Hablaron unos minutos y fijaron una cita.

—Mi madre dijo que uno elige a su instructor de vuelo por el color del pelo —dijo en tono relajado y alegre—. Sé que es una tontería, pero usted tiene el pelo gris, ¿verdad?

—Debo reconocer que sí —dijo él—. Y dígame, ¿cómo se llama usted?

—Lo siento —dijo ella—. Supongo que me he dejado llevar por el entusiasmo. Me llamo Jennifer Black O'Hara. Mis amigos me dicen Jennifee.

Tras colgar el teléfono, necesitó aún siete segundos para sobreponerse del estado de conmoción en que había quedado sumido tras oír su nombre. Lo anotó con letra prolija, pero temblorosa, en su plan de vuelo.

«La coincidencia ha de conducirme hacia otros que tengan algo que enseñarme, y a quienes yo también tenga algo que enseñar.»

No se lo dijo, pero Jamie consideró que la hija de la hipnotizadora probablemente saldría airosa de la entrevista y aprendería a pilotar. Ambas saldrían airosas, tanto Jennifee como su madre.

Si desea hacernos llegar su opinión sobre este libro o sus sugerencias sobre la colección envíenos su mensaje por correo electrónico a:

edicionsugerencias@edicionesb.es

o escríbanos a:

Ediciones B, S.A.
Departamento Editorial
Ref.: Colección Millenium
Bailén 84
08009 Barcelona
España

OTROS TÍTULOS
DE LA COLECCIÓN

ILUSIONES

Richard Bach

En el espacio aéreo sin nubes que se extiende entre los campos de maíz de Illinois y el azul infinito, un hombre deposita su fe en la hélice de su biplano. Para Richard Bach, escritor y piloto, la fe es tan real como un depósito lleno de gasolina y las chispas que saltan de los cilindros... hasta que se encuentra con Donald Shimoda, un antiguo mecánico que se describe como mesías y es capaz de lograr que las penas desaparezcan y que la imaginación remonte el vuelo.

En *Ilusiones*, la inolvidable continuación de su fenomenal best-séller *Juan Salvador Gaviota*, Richard Bach despega para descubrir las verdades atemporales que dan alas a nuestras almas: que la gente no necesita máquinas voladoras para levantar el vuelo, que incluso las nubes más oscuras tienen un sentido cuando nos levantamos por encima de ellas y que los mesías pueden encontrarse en lugares tan insospechados como un campo de heno, un pueblo perdido en medio de la llanura o, sobre todo, en lo más hondo de nosotros mismos.

EL PUENTE HACIA EL INFINITO

Richard Bach

«Si a veces te sientes solo en un mundo de extraños, añorando estar con alguien a quien no conoces aún, aquí encontrarás un mensaje de ese amor desconocido.»

Un alma gemela es alguien que tiene cerrojos que pueden ser abiertos con nuestras llaves, y llaves capaces de abrir nuestros cerrojos. Cuando nos sentimos lo suficientemente seguros para abrirlos podemos ser, completa y sinceramente, como en verdad somos...

Con *Juan Salvador Gaviota*, Richard Bach nos hizo volar por lugares de encanto y aventura, para guiarnos hacia una luminosa libertad.

En *El puente hacia el infinito* Bach narra su propio camino hacia el amor, hacia su alma gemela. Un camino cuyos obstáculos y desvíos iniciales lo hacen abandonar la búsqueda y construirse murallas de protección, que se convertirán en su cárcel... hasta que conoce a la única mujer que puede liberarlo. Con ella inicia un viaje de transformación, jalonado de descubrimientos y extraordinarias aventuras.

En ésta, una de sus obras más célebres, Bach explora el significado místico y terrenal de la vida, el amor y la inmortalidad.

NADA ES AZAR

Richard Bach

La lucha por vencer la gravedad interior y exterior, por liberarse de las ataduras y los temores, para finalmente elevar el espíritu y el cuerpo, encuentran su analogía, para Richard Bach, en el acto de volar.

En este libro, el famoso y admirado autor de *Juan Salvador Gaviota* nos invita a sobrevolar su inmenso país en uno de aquellos épicos biplanos de la Primera Guerra Mundial, lo que equivale a cruzar España en un *Rocinante*, Rusia en una troica o Venecia en una góndola.

Así, lo acompañamos cuando aterriza en el patio de cualquier finca del Oeste, entre gallinas, vacas y caballos; cuando invita a los campesinos a mirar sus campos desde lo alto y a los aldeanos a planear sobre los techos de sus pueblos; y por la noche, cuando participa en una charla en torno a una fogata y duerme bajo las alas de su avión.

Un año de aventuras y aprendizaje, relatado con el estilo entrañable que ha hecho de Richard Bach un autor admirado por varias generaciones de lectores.